LOW FAT 30

AUS DEM WOK

Gabi Schierz · Gabi Vallenthin

LOW FAT 30

AUS DEM WOK

FALKEN

Inhalt

Einleitung

Rezepte

Anhang

LOW FETT 30 – Idealgewicht ganz ohne Diät

Es ist ganz einfach

Viele unserer Leser wissen es bereits: LOW FETT 30 ist ein einfaches Prinzip, das uns nicht nur dazu verhilft gesünder zu leben, sondern auch für ein sanftes Schmelzen von Fettröllchen sorgt. Ohne zu hungern, ohne Kalorien zu zählen und ohne Diät.

Letztlich lässt sich das für LOW FETT 30 erforderliche Wissen auf drei einfache Regeln reduzieren:

1. Essen Sie, wenn Sie Hunger haben, wenn Ihr Magen meldet: „Zeit zum Nachschieben". Und versuchen Sie zu erkennen, wenn Sie nur zum Essen greifen, weil ein einsamer Keks verführerisch herumliegt, Ihre Kollegen Sie zum Essen abholen oder Ihre Tante auf dem zweiten Stück Kuchen besteht. Essen Sie nicht aus Langeweile, nicht aus Frust … Essen Sie einfach dann, wenn Sie Hunger haben.

2. Hören Sie auf zu essen, wenn Sie satt sind. Nicht erst dann, wenn der Hosenbund spannt. Denn satt sein hat nichts mit vollgefressen sein zu tun. Essen Sie langsamer, damit Sie den Zeitpunkt an dem sie satt sind rechtzeitig merken.

3. Alles, was Sie essen, soll nicht mehr als 30 Prozent der Kalorien aus Fett haben, soll also LOW FETT 30 sein. Und das rechnen Sie so: Das im Lebensmittel oder im Gericht enthaltene Fett in Gramm mal 9 kcal (so viele kcal hat 1 g Fett) mal 100 geteilt durch den Gesamtkaloriengehalt des jeweiligen Lebensmittels bzw. des Gerichts ergeben den prozentualen Fettkalorienanteil.

$$\frac{\text{Fettgehalt in g pro 100 g x 9 x 100}}{\text{Kaloriengehalt in kcal pro 100 g}} = \text{\% Fettkalorien}$$

JEDES Nahrungsmittel, jedes Essen, das Sie zubereiten, sollte LOW FETT 30 sein. Das bedeutet, alles, was Sie in den Mund schieben – egal ob als Fertigprodukt, als Süßigkeit, als gekochtes Essen oder als belegtes Brot, soll nicht mehr als 30 Prozent der Kalorien aus Fett haben.

Jedes Gericht, jedes Rezept eines LOW FETT 30-Kochbuches erfüllt diese Bedingung. Das heißt, dass Sie, wenn Sie sich an unsere Rezepte halten, auch nichts falsch machen können.

So funktioniert es garantiert

Viele rechnen viel zu viel

Eine Frage, die uns häufig gestellt wird, gilt den 30 Prozent Fett: Ob man an diesem Tag kein Fett mehr essen dürfe, wenn man mit einem Gericht schon 30 Prozent erreicht hat. Es ist viel einfacher, als viele denken: Man muss gar nicht addieren, denn es geht bei unserer Ess-Regel tatsächlich nur um den prozentualen Anteil von Fettenergie an der Gesamtenergie. Sie können gar nicht zu viel Fett essen, wenn Sie erstens nur dann essen, wenn Sie Hunger haben und zweitens die einzelnen Gerichte immer höchstens 30 Prozent Fett enthalten.

Rechnen Sie das einfach mit der vorne genannten Formel aus oder lernen Sie einfach unsere Nährwerttabellen auswendig.

LOW FETT 30-Produkte

In absehbarer Zeit werden Sie auch Produkte im Handel kaufen können, die das LOW FETT 30-Label tragen. Das ist das Ziel, das wir uns gesteckt haben und von dem wir uns den größten Nutzen für uns Verbraucher versprechen: Die Nahrungsmittel, die LOW FETT 30 sind, mit dem Label des LOW FETT e. V. zu kennzeichnen, damit man wie bei einer Ampel mit Grünphase einkaufen gehen kann.

So schwinden die Pfunde

Wenn Sie mit unseren LOW FETT 30-Rezepten Ihr Gewicht nicht nur halten, sondern Ihr Gewicht reduzieren wollen, hier einige Tipps, mit denen das Abnehmen leichter wird.

1. Konzentrieren Sie sich darauf, was mit einer LOW FETT 30-Ernährung besser wird. Dass Sie sich besser fühlen, dass Sie fitter werden. Und verbannen Sie stattdessen die Waage. Je mehr Sie sich aufs Abnehmen fixieren, das ja nicht von heute auf morgen geht, umso schwerer fällt es.
2. Essen Sie nach 19 Uhr nichts mehr, insbesondere nichts mehr, was viele Kohlenhydrate hat. Denn nachts schüttet unser Körper ein Fett verbrennendes Hormon aus, das nicht wirken kann, wenn der Blutzuckerspiegel (und damit der Insulinspiegel) hoch ist. Wenn Sie abends die Knabbergier packt, dann halten Sie sich an Rohkost wie Möhren, Salatgurken und Kohlrabi.
3. Tun Sie alles, was in Ihrer Macht steht, damit es Ihnen gut geht: Gehen Sie ins Kino, zum Tanzen, laden Sie Freunde ein oder legen Sie sich in die Badewanne, hören Sie Musik oder fangen Sie an zu malen ... egal, WAS es ist, das Ihnen gut tut ... TUN SIE's !!!

LOW FETT 30 macht fit, glücklich und zufrieden – ungelogen. Es ist einfach und Spaß macht es obendrein.
Dass Sie dazu auch noch Gewicht verlieren, ist das Tüpfelchen auf dem i.
Probieren Sie es aus. Warum sollten ausgerechnet Sie keinen Erfolg damit haben.

Ein Klick ins Internet

Wenn Sie mehr Infos zu LOW FETT 30 wollen, besuchen Sie den LOW FETT e. V. im Internet. Unter http://www.lowfett.de finden Sie alle Neuigkeiten zu LOW FETT 30. Es gibt darüber hinaus Adressen von Ansprechpartnern aus Fitnessstudios oder Hotels sowie ein Forum, wo Sie Ihre Fragen loswerden können und Gleichgesinnte kennen lernen.

Das kurbelt den Stoffwechsel an

Die Balance von Energiezufuhr und Energieverbrauch bestimmt wesentlich Ihre Leistungsfähigkeit, Ihre Lebensfreude und letztlich Ihr Gewicht. Wer Probleme mit seinem Gewicht hat oder einfach nur schlank bleiben will, sollte sich dabei aber nicht nur auf eine angemessene Energiezufuhr konzentrieren, sondern auch auf den Energieverbrauch. Sportliche Aktivitäten verbrauchen nicht nur Energie, sie kurbeln auch den Stoffwechsel an und stärken den Körper.

Sport tut gut

Essen Sie weniger Fettkalorien und steigern Sie den Energieverbrauch, indem Sie ab heute ein kleines bisschen mehr „aufdrehen“: Walking statt Spazierengehen, Treppen steigen, statt den Lift zu nehmen, öfter das Auto stehen lassen und das Fahrrad benutzen.
Dreimal in der Woche Ausdauersport ist die optimale Dosis, um den Energieverbrauch anzukurbeln, dabei Muskeln aufzubauen und Fett zu verbrennen.
Ob Sie dazu in ein Fitnessstudio gehen oder aber Ihren Partner bzw. Ihre Freundin zu gemeinsamen Aktivitäten wie Radfahren, Walking oder Joggen überreden, ist eine Frage der persönlichen Vorlieben. Bei jeder Form von Ausdauersport im aeroben Bereich (das ist der Grad von Anstrengung, wo Sie noch atmen können, ohne zu japsen ..., aber bereits anfangen, gleichmäßig zu schwitzen) gehts Ihren Fettdepots an den Kragen.
Es macht viel Sinn, sich ein Pulsfrequenzmessgerät zu kaufen, das Ihnen genau sagt, wie hoch Ihr Puls ist. Hochwertige Geräte, wie die des Marktführers Polar, ermitteln zudem Ihre persönliche Trainings-

frequenz („OWN ZONE“), Ihren Fitnessgrad, sagen Ihnen nach dem Training, wie viele Kalorien Sie verbrannt haben und wie viele davon aus Ihren Fettdepots stammten. Eine Warnfunktion, wenn Sie die Grenzwerte nach oben oder unten überschreiten, ist ebenfalls integriert. Ach ja: Wie lange Sie bereits sporteln, können Sie natürlich auch noch ablesen.

Das richtige Maß

Wir wollen Sie nicht zu ungesunden Höchstleistungen anstacheln. Die meisten Anfänger müssen wir eher bremsen. Sie laufen zu schnell, sporteln zu oft, essen zu wenig und verzichten dabei völlig auf Fett. Die Kunst ist es, genug zu tun, aber auch rechtzeitig aufzuhören und das richtige Maß zu finden. Gar nicht so einfach, aber ausgesprochen angenehm: Denn mit vernünftigem Sport fühlen Sie sich wesentlich besser: Sie sind nicht schlapp und völlig fertig, wie Sie das vielleicht noch aus dem Schulsport vom Zirkeltraining her kennen oder noch von Ihrer letzten Crashdiät in Erinnerung haben.

Übrigens: Muskelkater und Müdigkeit, schlechte Laune und schlappe Knochen sind ein Zeichen dafür, dass Sie irgendwo übertreiben. Ihr Körper versucht Sie mit seinen Methoden zu stoppen ..., indem er Ihnen ein Weitermachen so unbequem wie möglich macht. Egal, ob Sie nun wie verrückt auf dem Gesundheitstrip herumreiten oder aber die Nächte durchzechen: Es fühlt sich am nächsten Morgen beides gleich an.

Wasser als „Grundnahrungsmittel“

Wenn Sie Ihren Stoffwechsel weiter beschleunigen wollen, benötigen Sie genügend Wasser, im Idealfall nicht unter 2 Liter pro Tag. Achten Sie beim Kauf auf natriumarmes, magnesiumreiches Wasser mit nicht allzu viel Kohlensäure. Zu viel Kohlensäure könnte Ihren Magen reizen und die Bläschen im Wasser hindern Sie zudem am zügigen Trinken. Vielerorts in Deutschland hat das Trinkwasser eine so gute Qualität, dass es uneingeschränkt als Getränk empfohlen werden kann. Trinken Sie es so oft wie möglich einfach pur oder versetzen Sie es im eigenen Wasserbereiter mit ein wenig Kohlensäure.

Kleiner Tipp: Gießen Sie sich ein großes Glas voll und trinken Sie so lange wie möglich, ohne das Glas abzusetzen. Das steigert den Verbrauch, ohne dass man sich permanent zum Trinken anhalten muss.

Getränke für den Genuss

Kaffee und schwarzen Tee können Sie allerdings nicht zu Ihrer Wasserbilanz zählen: Beide Getränke entziehen Ihrem Körper mehr Flüssigkeit als Sie damit zuführen.

Alkohol hat zwar kein Fett ..., aber leider 7 leere Kalorien, die unserem Körper nichts außer Energie liefern, das heißt, keine Vitamine, keine Mineralstoffe, keine anderen lebensnotwendigen Nährstoffe. Alkohol wird unmittelbar nachdem er ins Blut gelangt ist, in der Leber verstoffwechselt, die Abbauprodukte werden bei Kalorienüberangebot in Fett umgewandelt. Zudem blockiert Alkohol als Zellgift den Fettabbau in der Leber. Und nicht zuletzt macht Alkohol hemmungslos und gefräßig. Ab und zu ein Glas Wein oder Bier schadet sicher nicht ..., aber mit etwas Zurückhaltung geht das Abnehmen garantiert deutlich schneller.

LOW FETT 30 im Asia-Look

Essen in asiatischen Restaurants

Auch wenn die meisten Gerichte im Asienrestaurant leicht und fettarm aussehen und in der Regel gut vertragen werden, wird in der asiatischen Gastronomie ebenso sorglos Öl verwendet wie in unseren Profiküchen. Das heißt: die asiatische Küche ist nicht automatisch LOW FETT 30. Natürlich spielen die eigentlichen Zutaten, wie das Fleisch, dabei eine entscheidende Rolle. Entenbrust und Fischstückchen sind nur deshalb so knusprig, weil sie eben frittiert werden. Huhn und Rindfleisch werden dagegen überwiegend geschmort.

Man muss auch kein Ernährungsspezialist sein, um mitzukriegen, dass die beliebten gebratenen Nudeln eine echte Fettbombe sind. Der Reis dagegen wird nicht, wie bei uns in der Gastronomie üblich, in Fett geschwenkt oder mit Butter „aromatisiert“ sondern „natur“ serviert.

Convenience asiatisch

Asiatische Fertiggerichte aus dem Supermarkt hingegen, egal ob aus Schalen, Tüten oder dem Tiefkühlfach, erfüllen sehr häufig das Kriterium „maximal 30 Prozent der Kalorien aus Fett“.

Es macht auch durchaus Sinn, asiatische Nudelsnacks und andere Fertiggerichte, die schon LOW FETT 30 sind, mit frischem Gemüse und dem ein oder anderen asiatischen Extra aufzupeppen. Ein guter Kompromiss, wenn es mal schnell gehen soll.

Dabei ist JEDE Zutat erlaubt, die von sich aus LOW FETT 30 ist ..., vorausgesetzt, sie schmeckt Ihnen! Das heißt, ein asiatisches Fertiggericht können Sie auch noch gut mit frischer Hühnchenbrust oder Filetstreifen aufpeppen, und Gemüse (angefangen von der Zuckerschote bis hin zu den frischen Sprossen) können Sie unbegrenzt dazugeben!

Selbst asiatisch kochen

Kochen im Wok – schnell und gesund

Wokgerichte eignen sich wie die gesamte asiatische Küche aus verschiedenen Gründen besonders gut für eine LOW FETT 30-Ernährung:

– Beim Kochen mit diesem fernöstlichen „UFO" kommt man nahezu ohne Fett aus. Und der eine Esslöffel Öl zum Anbraten wird durch die kohlenhydratreichen übrigen Zutaten wie Glasnudeln oder Reis locker ausgeglichen.

– In der Mitte des Woks sammelt sich beim Anbraten bald Flüssigkeit aus dem Gemüse, was ein schonendes Garen erlaubt. Auch Garen im Wasserdampf ganz ohne Fett ist so möglich.

– Für Berufstätige ist der Wok ein hervorragendes Kochgerät: Frische klein geschnittene Zutaten hineingeben, nur wenige Minuten rühren und fertig ist das Essen. Noch schneller geht es übrigens, wenn man den Reis bereits für zwei Tage im Voraus kocht, dann kann man sich am zweiten Tag die Zubereitungszeit für den Reis sparen.

Gerichte aus dem Wok – frisch und aromatisch

Grundsätzlich sind alle „normalen" Zutaten, die LOW FETT 30 sind, wie Gemüse und Obst (außer Avocados und Oliven), mageres Fleisch und fettarmer Fisch, auch für den Wok geeignet. Und viele Gewürze – wenn es nicht gerade die italienische Kräutermischung ist — passen auch zu Wok-Gerichten.

Die Verwendung von frischen Zutaten sollte eigentlich auch kein Problem sein: Viele Gemüsesorten halten sich mehrere Tage, sodass man mit zweimal Einkaufen pro Woche auskommt. Wer nicht ganz so wählerisch ist – und ein Tiefkühlgerät besitzt – kann auch gut Brokkoli, Blumenkohl, Lauchringe und Spinat tiefgekühlt kaufen und dann einzeln entnehmen und verwenden.

Ein großzügig mit Gewürzen ausgestatteter Vorratsschrank (siehe auch die Tipps für den Vorratsschrank auf Seite 14) sorgt dafür, dass Sie jeden Tag von süß über süß-sauer bis hin zu scharf und richtig peppig die leckersten Gerichte zaubern können.

Getränke

In China, Japan und Thailand wird zum Essen grüner Tee getrunken. Wichtig bei seiner Zubereitung: Lassen Sie das kochende Wasser etwas abkühlen, bevor Sie es über die Teeblätter gießen und geben Sie dem Tee nur wenige Minuten Zeit zum Ziehen. Ansonsten schmeckt der Tee sehr schnell bitter und „arzneiartig“.
Grüner Tee soll angeblich die Fettverbrennung unterstützen indem er Galle und Leber anregt. Davon auszugehen, dass man durch den Genuss von grünem Tee nun sensationell abnimmt, wurde aber im Rahmen diverser Untersuchungen widerlegt.

LOW FETT 30 aus dem Wok

Wok – die praktische Topf-Pfanne

Der richtige Wok

Als vor einigen Jahren die ersten Woks in Deutschland aufkamen, hat wohl kaum jemand geahnt, dass dieses exotische Kochgerät auf breiter Front in unseren Küchen Einzug halten würde.
Dabei ist es gar nicht so einfach, „seinen“ Wok zu finden. Groß genug soll er sein, um Portionen für zwei oder vier Personen zu beherbergen, leicht genug, damit man ihn noch heben kann, aber dennoch aus traditionellem Material wie Gusseisen, damit er die Hitze gut aufnehmen und gleichmäßig ausstrahlen kann. Im Idealfall passt er sogar noch in die Spülmaschine (und hat dann keine Holzgriffe!). Flach soll der Wok sein, mit einer kleinen Hitzefläche unten. (Der „Ur-Wok“ hat einen komplett runden Boden; damit kann man nur über dem offenem Feuer kochen.) So wird die

Gusseiserner Wok

Traditioneller Wok

hohe Brattemperatur auf kleinsten Raum konzentriert und nimmt nach außen hin ab. Das ermöglicht es Ihnen, in einem Arbeitsgang Fleisch richtig scharf anzubraten und zudem Zutaten, die nur mitdünsten sollen, mit zu garen. Achten Sie beim Kauf darauf, dass der Wok insgesamt flach ausläuft, damit Gargut, das Sie an den Rand hinausschieben wollen, nicht sofort wieder zurückrutscht.

Zubehör

Praktisch sind spezielle Schieber und Löffel für den Wok: Denn die meisten Gerichte müssen immer wieder vorsichtig gewendet werden, um gleichmäßig zu garen. Geben Sie auf jeden Fall Holzgeräten den Vorzug. Damit zerkratzen Sie den Wok nicht und außerdem kann man mit Holzlöffeln geräuschlos rühren und hantieren, metallene Schieber dagegen verursachen wirklich einen Höllenlärm in einem Metallwok.

Auch ein Ablage-Gitter gehört zu einer Wok-Ausstattung. Das sieht aus wie ein halber Kuchenrost und wird auf den Rand des Wok gelegt. Hier wartet angebratenes Fleisch darauf, zu den restlichen Zutaten zurückzugelangen.

Bambus-Dämpfeinsätze bekommen Sie im Asienladen. Darin werden beispielsweise Leckereien in Reistaschen, wie wir sie bei einigen unserer Desserts vorstellen, über Wasserdampf gegart.

Zubehör

Reinigung und Pflege

Es versteht sich von selbst, dass man in einem beschichteten Wok nicht mit Messern und scharfen Reinigungsschwämmen herumkratzt (was in einem reinen gusseisernen Exemplar wiederum keine Rolle spielt).

Da Sie ja wenig Fett verwenden, reicht es aus, den Wok mit einem Schwamm und heißem Wasser zu reinigen. Fett lösende (und meist parfümierte) Spülmittel sind also auch nicht nötig. Trocknen Sie den Wok gut ab, gerade wenn er aus Gusseisen ist, damit er nicht irgendwo Rost ansetzt. Genau genommen kann man wenig falsch machen ... außer Sie lassen ihn fallen: Dann gibt es entweder am Wok Dellen oder im Küchenboden!

Gut vorbereitet ist halb gekocht

Alles mundgerecht klein schneiden

Alle Zutaten, wie zum Beispiel Gemüse, werden – bevor es losgeht – wie im Rezept angegeben gewaschen, geputzt, in kleine Stücke, Würfel oder Scheiben geschnitten und auf Tellerchen getrennt zurechtgelegt. Da kleine Gemüse- oder Fleischstückchen eben auch ganz kurze Garzeiten haben, bleibt während des Kochens keine Zeit zum Schnibbeln mehr.

Den Wok startklar machen

Damit die Zutaten beim Anbraten nicht am Metall hängenbleiben, ist es üblich, 1 Esslöffel Öl im Wok zu erhitzen, damit den Wok auszuschwenken und das restliche Öl wieder abzugießen. Diesen Vorgang sollten Sie zweimal wiederholen. Und dann geht alles ganz fix.

Garmethoden im Wok

Unter Rühren braten

Das wenige Öl, das zu diesen Rezepten gehört, wird erhitzt und in kleinen Portionen werden die Zutaten – meist beginnend mit dem Fleisch – unter stetem Rühren angebraten. Die kurze Bratzeit von nur 1 bis 1 1/2 Minuten für Fleisch macht gründliches Vorbereiten nötig.

Zutat um Zutat wird so gebraten und dann am Schluss wird alles zusammengeführt, noch einmal kurz durchgerührt und schon ist das Essen fertig.

Schmoren

Schmoren ist eine Erweiterung des Anbratens unter Rühren. Es wird nur noch die erforderliche Flüssigkeit beigegeben und bei geschlossenem Deckel (und etwas reduzierter Hitze) geht das Gericht seiner Vollendung entgegen. Auch beim Schmoren gehört gelegentliches Umrühren dazu: damit nichts anbrät und alle Zutaten einigermaßen gleichmäßig gar werden.

Frittieren
Das kann man im Wok zwar auch, aber Frittieren ist – wie leicht einzusehen ist – tatlächlich keine geeignete Zubereitungsart für LOW FETT 30.

Dämpfen
Teigtaschen, aber auch Gemüse, Fisch und Fleisch werden in einen Dampfeinsatz (meist aus Bambus – gibt es im Asienladen) gesetzt und dann im Wasserdampf und bei geschlossenem Deckel gegart. Der Deckel sollte so selten wie möglich abgehoben werden, damit die Garenergie, der heiße Dampf, nicht entweicht.

Kochen
Zu guter Letzt können Sie in einem Wok natürlich ganz konventionell kochen, wie in jedem normalen Topf auch. Diese Garmethode wird aber letztlich nur bei Suppen angewendet. Auch dabei sollen die einzelnen Zutaten noch bissfest bleiben. Achten Sie deshalb darauf, dass die Temperatur immer knapp unter dem Siedepunkt bleibt.

Tipps für den Vorratsschrank

Euro-asiatischer Zutatenmix

Kochen im Wok ist längst nicht gleichbedeutend mit „asiatischer Küche“, dennoch: So ein fernöstlicher Touch macht Spaß und bringt eine Menge Abwechslung in den Speiseplan.
Die folgenden Zutaten werden Sie sicher öfter verwenden:

Asiatische Teigwaren
Sie werden aus Weizen oder Reis (Glasnudeln) hergestellt. Es gibt sie in unterschiedlichen Ausformungen und wie bei normalen Nudeln – die man übrigens ebenso verwenden kann – brauchen die dickeren eben länger und die feinen sind schneller fertig. Bei guter Lagerung sind alle Sorten von Nudeln nahezu unbegrenzt haltbar.

Reis
Er ist in der Wokküche der traditionelle Kohlenhydrat-Lieferant. Dabei ist „Gabelkörnung“ nun absolut kein Kriterium für asiatischen Reis ..., denn nur klebriger Reis lässt sich mit Stäbchen essen. Wel-

chen Reis Sie wählen, hängt von Ihren persönlichen Vorlieben (und Ihrem favorisierten Besteck!) ab. Die Brennwerte sind bei allen Reissorten nahezu identisch.

Würzsaucen

– Sojasauce (normal oder süß) dürfte die bekannteste asiatische Sauce sein. Sie ist ein Würzmittel, das in nahezu allen herzhaften Gerichten, also auch in Suppen, verwendet werden kann. Sojasauce hält sich längere Zeit und da man damit gut Salatsaucen zaubern kann, lohnt sich die Anschaffung einer größeren Flasche!

– Teriyaki-Sauce sieht aus wie Sojasauce und wird überwiegend zum Marinieren von Fleisch und Fisch verwendet.

– Sambal oelek ist eine indonesische Gewürzsauce, die es wirklich in sich hat: feuerscharf, also Vorsicht bei der Verwendung. Aber eine Messerspitze gibt so manchem Gericht ein bisschen Pep. Außer Sambal oelek gibt es weitere „Sambal“-Saucen ..., die meisten davon sind scharf, weil sie mit Pfefferkörnern, Chilischoten und anderen teuflischen Zutaten hergestellt werden.

– Garnelensauce, Austernsauce, schwarze Bohnensauce, Hoisinsauce ..., das sind Saucen für Kenner und für die „Fortgeschrittenen“. Was Sie nicht daran hindern sollte, die ein oder andere Sauce einmal auszuprobieren. Das Besondere an diesen fermentierten Saucen ist, dass sie sehr vitamin- bzw. eiweißreich sind. Diese Saucen finden Sie in der „Feinkost-Ecke“ größerer Verbrauchermärkte oder aber im Asienladen.

Asiatisches Gemüse

– Shiitake-Pilze sind in Japan so beliebt wie bei uns der Champignon. Man kann sie auch bei uns mittlerweile in vielen Supermärkten getrocknet kaufen; auf gut sortierten Wochenmärkten gibt es sogar schon frische, dann aber zu ziemlich gesalzenen Preisen.

– Mu-Err-Pilze werden getrocknet angeboten. Sie sind nach dem Einweichen sehr glitschig und schmecken, wenn man draufbeißt, wie dünn geschnittene Gummibärchen mit leichtem Pilzaroma.

– Austernpilze sind bei uns frisch überall zu kaufen und haben einen ganz feinen Geschmack.

– Bambussprossen, Bambusschösslinge und -herzen können Sie in der Dose im Supermarkt bekommen (ebenso wie Sojasprossen). Frische Produkte gibt es – wenn überhaupt – wirklich nur im Asienladen.

– Sprossen sollten Sie selbst ziehen oder frisch gekeimte kaufen und diese schnell verwenden. Sie enthalten enorm viel pflanzliches Eiweiß und sind reich an Vitaminen und Mineralien.

– Lauchzwiebeln werden als Suppeneinlage verwendet oder mitgegart – normaler Lauch ist allerdings kein Ersatz dafür.

Sojabohnen-Erzeugnisse

Diese eiweißreichen Nahrungsmittel sind aus der asiatischen Küche nicht wegzudenken. Die daraus hergestellten Produkte sind so vielfältig, dass es den Rahmen dieser Einleitung sprengen würde. Mit entsprechenden Gewürzen verwendet die Industrie Soja häufig als Basis für vegetarischen Wurst- oder Fleischersatz.
– Das hierzulande wohl bekannteste Sojabohnen-Erzeugnis ist der Tofu, den es in allen Abstufungen von weich wie Butterkäse bis hin zu bratfesten Stücken gibt. Er schmeckt neutral, sodass er die Aromen der anderen Zutaten gut aufnimmt.
— Miso ist eine fermentierte Sojapaste, die – mit heißem Wasser übergossen und darin aufgelöst – wie unsere gekörnte Brühe schmeckt.

Sonstige Zutaten

– Wasserkastanien haben ein weißes, knackiges Fruchtfleisch, schmecken süßlich mild und aromatisch und sind mit einer feinen, bräunlichen Schale überzogen. Es gibt sie frisch in Asienläden.
– Ingwer kennen wir in unserer Küche als Plätzchengewürz. Er schmeckt im ersten Moment vor allem nach Zitrone, wird aber danach scharf. In der asiatischen Küche verwendet man ihn bevorzugt zusammen mit Zitronengras, um damit den Huhn- und Fischgerichten das gewisse Etwas zu verleihen.

Hinweise zu den Rezepten

Zubereitungszeiten
Hier steht die Zeit, die Sie benötigen, um das ganze Gericht zuzubereiten. Sollten dabei längere Zeitspannen auftreten, in denen Sie nichts zu tun haben, so haben wir diese gesondert als Back-, Quell-, Kühlzeit usw. aufgeführt.

Kalorien- und Nährwertangaben
Sie beziehen sich immer auf 1 Portion bzw. 1 Stück des Gerichts. Die Prozentangabe steht für Fettkalorienprozent.
Bei den Nährwertangaben haben wir auch die Kohlehydratmengen ausgewiesen, um den Lesern, die eine Eiweiß-Formula-Diät unter ärztlicher Aufsicht machen, die Portionsberechnungen zu erleichtern.
Hinweis:
Bitte beachten Sie, dass Nährwertangaben je nach Datengrundlage variieren können. Außerdem unterliegen die Inhaltsstoffe ein und desselben Lebensmittels natürlichen Schwankungen. Unsere Angaben sind deshalb als Durchschnittswerte anzusehen.

Zutaten
In unseren Rezepten verwenden wir ausschließlich Eier der Gewichtsklasse M und bei Milch die 1,5%-Variante, bei Quark und Joghurt die Magerversionen. Entsprechend sind unsere Nährwertangaben gerechnet.
Wenn nicht anders angegeben, gehen wir bei Obst und Gemüse von ungeputzter Rohware aus. Bei Stückangaben beziehen wir uns auf ein Stück mittlerer Größe.

Die Abkürzungen

abger.	=	abgeriebene(r)
Bd.	=	Bund
ca.	=	circa
cm	=	Zentimeter
EL	=	Esslöffel
g	=	Gramm
gem.	=	gemahlen
ger.	=	geriebene(r)
getr.	=	getrocknete(r)
kcal	=	Kilokalorien
kg	=	Kilogramm
l	=	Liter
ml	=	Milliliter
Msp.	=	Messerspitze
TK-	=	Tiefkühl-...
TL	=	Teelöffel

Rezepte

Kochen mit dem Wok ist nicht nur genial einfach und schnell – es macht auch noch eine Menge Spaß! Überzeugen Sie sich selbst und kommen Sie Ihrem Wunschgewicht Bissen für Bissen näher.

Tatarsuppe mit Glasnudeln und Gemüse

Für 2 Personen
Zubereitungszeit: ca. 35 Minuten

225 kcal · 6 g Fett · 24 %
25 g Kohlenhydrate

je 1 kleine rote und grüne Paprikaschote
100 g Wirsing
4 Frühlingszwiebeln
1 Stück in Sirup eingelegter Ingwer
50 g Glasnudeln
1 TL Öl
1 Knoblauchzehe
125 g Tatar
½ l Gemüsebrühe
1 EL Pflaumensauce
1 EL Hoisinsauce
1 EL Sojasauce
Salz, Pfeffer

1. Die Paprikaschoten und den Wirsing waschen, putzen und in feine Streifen schneiden. Die Frühlingszwiebeln waschen, putzen und in feine Ringe schneiden. Den Ingwer hacken.
2. Die Glasnudeln entsprechend der Packungsanweisung einweichen.
3. Das Öl im Wok erhitzen, den Knoblauch dazupressen und unter Rühren anbraten. Das Tatar dazugeben und mit anbraten.
4. Das Gemüse hinzugeben und unter Rühren glasig werden lassen. Mit Gemüsebrühe auffüllen, die Würzsaucen und den Ingwer dazugeben und alles bei mäßiger Hitze etwa 10 Minuten garen.
5. Die eingeweichten Glasnudeln mit der Schere klein schneiden und noch 2 Minuten in der Suppe mitgaren. Noch einmal abschmecken, eventuell mit Salz und Pfeffer würzen. Die Tartarsuppe heiß servieren.
(auf dem Foto)

Bunte Gemüse-Pilz-Suppe

Für 2 Personen
Zubereitungszeit: ca. 45 Minuten

75 kcal · 1 g Fett · 12 %
23 g Kohlenhydrate

3 getr. Shiitake-Pilze
10 g Glasnudeln
½ Bd. Brunnenkresse
1 kleine Zucchini
½ kleine weiße Rübe
1 kleine Möhre
20 g Blattspinat
1 Frühlingszwiebel
½ l Gemüsebrühe
½ TL Salz
1 EL Sojasauce

1. Die Pilze etwa 15 Minuten in warmem Wasser einweichen, ausdrücken und in Streifen schneiden.
2. Die Nudeln 10 Minuten in warmem Wasser einweichen, abtropfen lassen und mit der Küchenschere durchschneiden.
3. Die Brunnenkresse waschen und verlesen, die Stiele entfernen und die Blätter zerteilen. Zucchini, weiße Rübe und Möhre waschen, putzen und in 1 cm große Würfel schneiden.
4. Den Spinat waschen, verlesen und klein hacken. Die Frühlingszwiebel waschen, putzen und klein schneiden.
5. Die Brühe zum Kochen bringen, Salz zufügen und das Gemüse darin etwa 20 Minuten leicht kochen lassen.
6. Pilze, Glasnudeln und Frühlingszwiebeln zusammen mit der Sojasauce zufügen und alles weitere 5 Minuten kochen lassen. Die Suppe heiß servieren.

Muschel- und Abalonensuppe

Für 2 Personen
Zubereitungszeit: ca. 20 Minuten

85 kcal · 1,5 g Fett · 16 %
2,5 g Kohlenhydrate

5 getr. Shiitake-Pilze
20 g Abalonen (Dose)
50 g Hähnchenbrust
1 cm Ingwerwurzel
½ l Gemüsebrühe
100 g Muscheln (Dose)
1 EL trockener Sherry
1 EL Sojasauce
1 Frühlingszwiebel

1. Die Pilze etwa 15 Minuten in warmem Wasser einweichen, dann ausdrücken und in Streifen schneiden. Die Abalonen mit kaltem Wasser abspülen, abtropfen lassen und in dünne Scheiben schneiden.
2. Das Hähnchenfleisch in dünne Scheiben schneiden. Den Ingwer schälen und fein würfeln. Die Brühe zum Kochen bringen.
3. Abalonen, Pilze, Hähnchenfleisch und den gewürfelten Ingwer in die Brühe geben und alles etwa 3 Minuten köcheln lassen.
4. Die Muscheln mit kaltem Wasser abspülen, abtropfen lassen und zusammen mit dem Sherry und der Sojasauce zur Suppe geben. Weitere 2 Minuten köcheln lassen.
5. Die Frühlingszwiebel waschen, putzen, klein schneiden und vor dem Servieren über die Suppe streuen.

Kokos-Champignon-Suppe

Für 2 Personen
Zubereitungszeit: ca. 20 Minuten

45 kcal · 1 g Fett · 20 %
6,5 g Kohlenhydrate

250 g Champignons
250 ml Kokosmilch
Salz
½ TL getr. Zitronengras
3 Limettenblätter
Saft von 1 Limette
2 EL Fischsauce
2 frische rote Chilischoten
2 EL gehackte glatte Petersilie

1. Die Champignons putzen und große Pilze halbieren. Dann die Kokosmilch im Wok erhitzen und leicht salzen. Das Zitronengras im Mörser zerstampfen.
2. Pilze, Zitronengras, Limettenblätter, Limettensaft und die Fischsauce in die Kokosmilch geben und alles etwa 4 Minuten kochen lassen.
3. Die Chilischoten waschen, entkernen, in dünne Ringe schneiden und in die Suppe geben. Noch etwa 1 Minute mit erhitzen. Vor dem Servieren mit Petersilie bestreuen.

TIPP:
Falls Sie kein Zitronengras bei Ihrem Gemüsehändler bekommen, nehmen Sie einfach ½ TL Ingwerpulver.

Scharfsaure Glasnudelsuppe

Scharfsaure Glasnudelsuppe

Für 2 Personen
Zubereitungszeit: ca. 30 Minuten

85 kcal · < 1 g Fett · 11 %
12 g Kohlenhydrate

20 g Glasnudeln
5 g getr. Tongupilze
50 g Zuckerschoten
1 kleine Paprikaschote
1 frische Chilischote
½ l Gemüsebrühe
1 TL fein gehackte Ingwerwurzel
2 EL Austernsauce
1 EL Sojasauce
2 EL Reisessig
Sichuan-Pfeffer
1 EL Schnittlauchröllchen

1. Glasnudeln und Pilze etwa 20 Minuten getrennt in warmem Wasser einweichen.
2. Zuckerschoten waschen, putzen und schräg halbieren. Paprika waschen, putzen und in feine Streifen schneiden. Chilischote waschen, entkernen und fein hacken.
3. Brühe im Wok aufkochen, mit Chili, Ingwer, Austernsauce, Sojasauce, Reisessig und Sichuan-Pfeffer würzen.
4. Die Pilze abgießen, die Stiele entfernen und die Pilzköpfe in feine Streifen schneiden, mit dem Gemüse in die Brühe geben. Die Suppe etwa 5 Minuten leicht köcheln lassen.
5. Die Glasnudeln abtropfen lassen, mit einer Schere klein schneiden. In die Suppe geben und alles noch einmal kurz aufkochen. Mit Schnittlauchröllchen garniert servieren.

Pikante Hühnersuppe mit Reis

Für 2 Personen
Zubereitungszeit: ca. 45 Minuten

370 kcal · 6 g Fett · 15 %
44 g Kohlenhydrate

1 getr. Mu-Err-Pilz
100 g Reis
Salz
150 g Hühnerbrust
4 Frühlingszwiebeln
50 g Sojabohnensprossen
50 g Champignons
1 EL Öl, 50 g TK-Erbsen
1 Knoblauchzehe
½ l Hühnerbrühe
1 EL Hoisinsauce
1 Msp. Ingwerpulver
Pfeffer
4 EL Reiswein
2 EL Schnittlauchröllchen

1. Den Mu-Err-Pilz etwa 15 Minuten in warmem Wasser einweichen. Inzwischen den Reis in Salzwasser etwa 20 Minuten kochen, abgießen und abtropfen lassen.
2. Das Hühnerfleisch in kleine Würfel schneiden. Die Frühlingszwiebeln waschen, putzen und in dünne Ringe schneiden.
3. Den eingeweichten Mu-Err-Pilz in feine Streifen schneiden. Die Sprossen abspülen und abtropfen lassen. Die Champignons putzen und in Scheiben schneiden.
4. Die Fleischwürfel im Wok im heißen Öl rundherum kräftig anbraten. Die Frühlingszwiebeln und die Pilze dazugeben und etwa 1 Minute mitbraten.
5. Sprossen, Champignons und Erbsen in den Wok geben und mitandünsten. Den Knoblauch dazupressen und untermischen. Den Reis dazugeben und mit der Geflügelbrühe auffüllen.
6. Die Suppe mit der Hoisinsauce, dem Ingwer, Salz, Pfeffer und Reiswein würzen und abschmecken. Das Ganze mit Schnittlauch bestreut servieren.
(auf dem Foto)

Grüne Gemüsesuppe mit Kohl

Für 2 Personen
Zubereitungszeit: ca. 25 Minuten

45 kcal · < 1 g Fett · 16 %
5,5 g Kohlenhydrate

1 Zwiebel
1 kleine Zucchini
100 g Weißkohl
100 g Chinakohl
100 g Blattspinat
½ l Hühnerbrühe
1 TL Garnelenpulver
2 Pfefferkörner
½ TL Sardellenpaste
1 EL Sojasauce
Salz

1. Die Zwiebel schälen und in feine Ringe schneiden. Das Gemüse waschen, putzen und in feine Streifen schneiden.
2. Die Brühe im Wok aufkochen. Zwiebeln, Garnelenpulver, Pfefferkörner und Sardellenpaste dazugeben und alles etwa 5 Minuten leicht kochen lassen.
3. Das Gemüse zugeben und alles zusammen weitere 5 Minuten ziehen lassen. Die Suppe mit der Sojasauce und Salz abschmecken und servieren.

TIPP:
Eine einfache Gemüsesuppe reicht Ihnen nicht immer? Kein Problem: Chinesische Nudeln (italienische tun's auch), Kartoffeln oder Reis als Einlage sind zwar eine europäische Einbürgerung dieser Suppe, machen aber satt und zufrieden.
Wenn Sie Kartoffeln zugeben, können Sie die Suppe anschließend nicht mehr einfrieren!

Scharfe Fischsuppe mit Goldbarschfilet

Für 2 Personen
Zubereitungszeit: ca. 35 Minuten

120 kcal · 1 g Fett · 8 %
3,5 g Kohlenhydrate

3 Schalotten
1 EL gem. Zitronengras
400 ml Fischfond aus dem Glas
2 frische rote Chilischoten
1 TL Ingwerpulver
abger. Schale von 2 Zitronen
250 g Goldbarschfilet
50 g Champignons
1 EL Zitronensaft
1 EL Fischsauce
Salz
2 EL gehackte glatte Petersilie

1. Die Schalotten schälen und fein würfeln, zusammen mit dem gemahlenen Zitronengras im Mörser zerstampfen. Den Fischfond im Wok langsam erhitzen.
2. Die Chilischoten waschen, entkernen und in dünne Ringe schneiden. Alles zusammen mit dem Ingwerpulver und der abgeriebenen Zitronenschale in die Brühe geben. Zugedeckt 10 Minuten leicht köcheln lassen.
3. Das Fischfilet sorgfältig abspülen und in mundgerechte Stücke schneiden. Anschließend die Champignons putzen, halbieren und zusammen mit dem Fisch in die Suppe geben.
4. Die Suppe mit Zitronensaft, Fischsauce und etwas Salz abschmecken und etwa 15 Minuten offen köcheln lassen. Vor dem Servieren die Suppe mit gehackter Petersilie bestreuen.

Suppe mit Schweinefleisch und Nudeln

Für 2 Personen
Zubereitungszeit: ca. 25 Minuten

145 kcal · 3 g Fett · 19 %
13 g Kohlenhydrate

3 getr. chinesische Pilze
100 g mageres Schweinefleisch
1 EL Sojasauce
1 EL Hoisinsauce
1 EL trockener Sherry
100 g Suppennudeln
2 Frühlingszwiebeln
2 Chinakohlblätter
½ l Fleischbrühe
100 g Bambussprossen (Dose)

1. Die Pilze 15 Minuten in heißem Wasser einweichen, ausdrücken und in feine Streifen schneiden.
2. Das Schweinefleisch in dünne Streifen schneiden und etwa 15 Minuten in Sojasauce, Hoisinsauce und Sherry marinieren.
3. Die Nudeln in Salzwasser etwa 15 Minuten kochen, abschrecken und abtropfen lassen. Die Frühlingszwiebeln und die Chinakohlblätter waschen, putzen und in kleine Stücke schneiden.
4. Die Brühe zum Kochen bringen. Pilze, Fleisch, Marinade, Frühlingszwiebeln und Bambussprossen zufügen und alles 2 bis 3 Minuten leicht kochen lassen.
5. Die Nudeln und den Chinakohl zugeben und etwa 2 Minuten mitkochen. Die Suppe heiß servieren.

Gemüsesuppe mit Schinken und Krabben

Gemüsesuppe mit Schinken und Krabben

Für 2 Personen
Zubereitungszeit: ca. 45 Minuten

125 kcal · 2 g Fett · 14 %
4,5 g Kohlenhydrate

3 getr. Shiitake-Pilze
2 Frühlingszwiebeln
1 Möhre
1 Stange Staudensellerie
50 g Sojabohnensprossen
50 g Bambussprossen
50 g Krabben
100 g gekochter Schinken (3 % Fett)
½ l Gemüsebrühe
1 EL Sojasauce
Pfeffer
1 Msp. Ingwerpulver

1. Die Pilze 15 Minuten in warmem Wasser einweichen, dann ausdrücken und in Streifen schneiden. Das Gemüse waschen, putzen und in mundgerechte Stücke schneiden. Die Sprossen abspülen und abtropfen lassen.
2. Die Krabben mit kaltem Wasser gründlich abspülen, dann abtropfen lassen. Den Schinken in dünne Streifen schneiden.
3. Die Gemüsebrühe erhitzen und alle Gemüsezutaten darin 20 Minuten garen. Nach 15 Minuten den Schinken und die Krabben zugeben.
4. Die Suppe mit Sojasauce, Pfeffer und Ingwer würzen und servieren.

TIPP:
Wenn Sie Krabben für die Suppe kaufen, nehmen Sie unbedingt geschälte Exemplare, sonst verbrennen Sie sich beim Puhlen die Finger!

Tomatensalat mit Frühlingszwiebeln

Für 2 Personen
Zubereitungszeit: ca. 10 Minuten

50 kcal · < 1 g Fett · 7 %
10 g Kohlenhydrate

4 Tomaten
6 Frühlingszwiebeln
einige Zweige frische Pfefferminze
2 EL Zitronensaft
½ TL Salz
2 TL Zucker
½ TL Chilipulver

1. Die Tomaten waschen und in Scheiben schneiden. Die Frühlingszwiebeln waschen, putzen und in feine Streifen schneiden. Die Minzeblätter waschen und fein hacken.
2. Zitronensaft, Salz, Zucker und Chilipulver so lange verrühren, bis sich der Zucker aufgelöst hat.
3. Tomaten, Frühlingszwiebeln und Minzeblätter mischen und das Dressing darüber geben. Den Salat gekühlt servieren.

TIPP:
Dieser erfrischende Tomatensalat passt besonders gut zu deftigen Fleisch- und Fischgerichten.

Asiatischer Gurken-Rettich-Salat

Für 2 Personen
Zubereitungszeit: ca. 10 Minuten

55 kcal · < 1 g Fett · 5 %
12 g Kohlenhydrate

½ Rettich
½ Salatgurke
1 frische rote Chilischote
3 EL Wasser
3 EL Reisessig
2 EL Sojasauce
1 EL Fischsauce
1 EL Zucker

1. Den Rettich schälen und die Gurke waschen. Anschließend beides in sehr dünne Scheiben schneiden, am besten hobeln.
2. Die Chilischote waschen, entkernen und in schmale Streifen schneiden.
3. Das Wasser mit dem Essig, der Sojasauce, der Fischsauce und dem Zucker im Wok aufkochen; von der Platte nehmen.
4. Den Sud etwas abkühlen lassen und noch warm mit dem Gemüse vermengen. Vor dem Servieren den Salat etwas abkühlen lassen.

Gedämpfte Wan-Tan-Täschchen

Für 2 Personen
Zubereitungszeit: ca. 45 Minuten

185 kcal · < 1 g Fett · 3 %
40 g Kohlenhydrate

5 g getr. Mu-Err-Pilze
1 Frühlingszwiebel
50 g Maiskörner (Dose)
1 EL fein gewürfelte Ingwerwurzel
2 EL Sojasauce
1 EL Reiswein
Pfeffer
16 Wan-Tan-Platten

1. Pilze in warmem Wasser 20 Minuten einweichen.
2. Die Frühlingszwiebel waschen, putzen und in feine Ringe schneiden. Den Mais und die Mu-Err-Pilze abtropfen lassen, die Pilze ohne die Stiele klein schneiden.
3. Den Ingwer mit Sojasauce, Reiswein und Pfeffer verrühren, mit den Pilzen und dem Gemüse mischen.
4. Die Teigplatten kurz in kaltem Wasser einweichen und auf einem feuchten Küchentuch auslegen.
5. Auf jede Teigplatte 1 gehäuften Teelöffel Füllung setzen, die Ränder der Platten hochnehmen und zusammendrücken. Es sollen kleine Säckchen entstehen.
6. Die Teigtäschchen nebeneinander in das Dampfkörbchen setzen, ohne dass sie sich berühren; über Wasserdampf im geschlossenem Wok etwa 10 Minuten garen.

TIPP:
Dazu passt scharf gewürzte Sojasauce.

Rinderfilet mit Sojabohnensprossen

Für 2 Personen
Zubereitungszeit: ca. 30 Minuten

430 kcal · 10,5 g Fett · 22 %
60 g Kohlenhydrate

150 g Langkorn-Wildreis-mischung
250 g Rinderfilet
½ TL Speisestärke
3 EL Sojasauce
1 Knoblauchzehe
100 g frische Sojabohnen-sprossen
50 g Blattspinat
1 EL Öl
Salz
Pfeffer
100 ml Hühnerbrühe
2 EL Sherry

1. Den Reis in Salzwasser etwa 20 Minuten kochen, abgießen und abtropfen lassen.
2. Das Rinderfilet quer zur Faser in hauchdünne Scheiben schneiden. Die Fleischscheiben in eine flache Schale geben und mit der Speisestärke bestäuben. Die Stärke gut in das Fleisch einmassieren.
3. Die Sojasauce in eine Schale geben und den Knoblauch dazupressen; gut verrühren.
4. Die Sojabohnensprossen abspülen und abtropfen lassen. Den Spinat verlesen, waschen und die Stiele entfernen.
5. Das Öl im Wok erhitzen und das Fleisch darin portionsweise anbraten, herausnehmen, in die Sojasauce geben und ziehen lassen.
6. Die Sojabohnensprossen im Wok unter Rühren etwa 1 Minute braten, den Spinat hinzufügen und beides unter Rühren noch etwa 2 Minuten dünsten. Salzen und pfeffern und mit der Hühnerbrühe und dem Sherry ablöschen.
7. Das Fleisch mit der Marinade unter das Gemüse mischen, aufkochen und etwa 1 Minute köcheln lassen. Mit dem Reis servieren.
(auf dem Foto)

Rot geschmortes Rindfleisch mit Brokkoli

Für 2 Personen
Zubereitungszeit: ca. 1 ½ Stunden

295 kcal · 4 g Fett · 12 %
18 g Kohlenhydrate

400 g mageres Rindfleisch zum Schmoren
1 cm Ingwerwurzel
1 Knoblauchzehe
3 EL Sojasauce
2 EL Zucker
½ TL Fünf-Gewürz-Pulver
250 ml Rinderbrühe
250 g Brokkoli
1 Frühlingszwiebel

1. Das Fleisch würfeln, den Ingwer schälen und fein hacken, beides zusammen in den Wok geben.
2. Den Knoblauch zum Fleisch pressen, Sojasauce, Zucker, Fünf-Gewürz-Pulver und Brühe zugeben, alles zum Kochen bringen und abgedeckt etwa 1 Stunde schmoren.
3. Den Brokkoli waschen, putzen und in Röschen zerteilen, die Frühlingszwiebel waschen, putzen und in feine Streifen schneiden.
4. Den Brokkoli zum Fleisch geben und alles offen kochen lassen, bis der Brokkoli weich und die Sauce eingekocht und sämig ist. Das Ganze mit den Frühlingszwiebelstreifen bestreut servieren.

Hot Beef Bowl – Rinderfiletpfanne

Für 2 Personen
Zubereitungszeit: ca. 30 Minuten

620 kcal · 16 g Fett · 23 %
64 g Kohlenhydrate

50 g getr. Shiitake-Pilze
1 große rote Paprikaschote
1 kleine frische Chilischote
2 Tomaten
150 g Reis
Salz
400 g Rinderfilet
1 EL Öl
1/8 l Rinderbrühe
2 EL Sojasauce
1 TL Rosenpaprikapulver
½ TL Sambal oelek

1. Die Shiitake-Pilze in warmem Wasser etwa 15 Minuten einweichen.
2. Die Paprika- und die Chilischote waschen und putzen, die Tomaten waschen und ebenso wie Paprika und Chili in kleine Stücke schneiden.
3. Den Reis in Salzwasser etwa 20 Minuten kochen, abgießen und abtropfen lassen.
4. Das Fleisch mit kaltem Wasser abspülen, dann mit Küchenpapier abtupfen und in kleine Stücke schneiden.
5. Jeweils etwas von dem Öl im Wok erhitzen und die Filetstücke darin portionsweise unter ständigem Rühren scharf anbraten. Jeweils wieder herausnehmen.
6. Paprika, Chili und Tomaten in den Wok geben, unter Rühren anbraten und mit der Brühe ablöschen. Die Pilze ausdrücken, in feine Streifen schneiden und dazugeben. Mit der Sojasauce, Rosenpaprika und Sambal oelek würzen.
7. Das Fleisch wieder zufügen und mit geschlossenem Deckel 10 Minuten köcheln lassen. Sofort mit dem Reis servieren.

Kurz gebratenes Rindfleisch in Austernsauce

Für 2 Personen
Zubereitungszeit: ca. 30 Minuten

195 kcal · 5 g Fett · 23 %
8,5 g Kohlenhydrate

2 Möhren
1 Stange Staudensellerie
2 Frühlingszwiebeln
1 Knoblauchzehe
80 g frische Sojabohnensprossen
250 g Rumpsteak
Salz
1 TL Öl
1 EL Sojasauce
2 EL Austernsauce

1. Die Möhren und die Selleriestange waschen, putzen und schräg in dünne Scheiben schneiden.
2. Die Frühlingszwiebeln waschen, putzen und fein hacken. Den Knoblauch schälen und in hauchdünne Scheiben schneiden.
3. Die Sojabohnensprosen abspülen und abtropfen lassen. Das Fleisch in dünne Scheiben schneiden, salzen und pfeffern.
4. Das Öl im Wok erhitzen. Die Frühlingszwiebel und den Knoblauch darin etwa 30 Sekunden unter Rühren anbraten.
5. Die Sellerie- und die Möhrenscheiben hinzufügen und 1 weitere Minute braten. Das Fleisch zugeben und gut anbräunen.
6. Die Sprossen, die Soja- und Austernsauce zufügen und alles 2 Minuten kochen lassen. Heiß servieren.

TIPP:
Dazu passt Reis.

Schweinefleisch mit Shrimps

Schweinefleisch mit Shrimps

Für 2 Personen
Zubereitungszeit: ca. 30 Minuten

525 kcal · 15 g Fett · 26 %
43 g Kohlenhydrate

350 g Schweineschnitzel
300 ml Kokosmilch
½ TL Salz
½ TL Zucker
½ TL Chilipaste
100 g geschälte Shrimps
1 frische rote Chilischote
2 EL Koriandergrün

1. Das Fleisch in schmale Streifen schneiden. Die Kokosmilch im Wok erhitzen und 2 bis 3 Minuten offen kochen lassen.
2. Das Fleisch in die Milch geben, Salz, Zucker und Chilipaste hinzufügen und anschließend alles etwa 20 Minuten leicht kochen lassen.
3. Die Shrimps dazugeben und weitere 5 Minuten offen garen; die Kokosmilch sollte jetzt dickflüssig sein.
4. Die Chilischote waschen, entkernen, längs in dünne Streifen schneiden und zusammen mit dem Koriandergrün über das fertige Gericht streuen.

TIPP:
Dazu passt Reis.

Schweinefleisch süßsauer

Für 2 Personen
Zubereitungszeit: ca. 30 Minuten

435 kcal · 11 g Fett · 23 %
52 g Kohlenhydrate

100 g Reis, Salz
200 g Schweinefilet
Pfeffer, 1 Ei
1 EL Speisestärke
1 kleine Zwiebel
1 rote Paprikaschote
1 Möhre, 1 EL Öl
150 ml Gemüsebrühe
1 EL Tomatenmark
2 EL Sojasauce
2 Scheiben Ananas (Dose)
2 EL Obstessig
2 EL Ananassaft
½ TL Currypulver
3 EL Schnittlauchröllchen

1. Den Reis in Salzwasser etwa 20 Minuten kochen, abgießen und abtropfen lassen.
2. Das Schweinefilet in hauchdünne Scheiben schneiden und mit Salz und Pfeffer kräftig würzen.
3. Das Ei in eine Schüssel geben, verschlagen, mit der Speisestärke verrühren und die Mischung über die Fleischscheiben verteilen und gut vermengen.
4. Die Zwiebel schälen und in feine Streifen schneiden. Die Paprikaschote und die Möhre waschen, putzen und ebenfalls in Streifen schneiden.
5. Das Öl im Wok erhitzen. Das Fleisch darin unter Rühren scharf braten, herausnehmen. Dann das Gemüse unter ständigem Rühren etwa 3 Minuten anbraten.
6. Die Gemüsebrühe angießen, das Tomatenmark und die Sojasauce unterrühren und einmal aufkochen.
7. Die Ananasscheiben in Würfel schneiden, mit dem Obstessig, dem Ananassaft und dem Curry dazugeben und nochmals aufkochen.
8. Das Fleisch zum Gemüse geben, erhitzen jedoch nicht kochen lassen. Mit dem Schnittlauch bestreuen und mit Reis servieren.

Chop Suey – Mariniertes Fleisch mit Sprossen

Für 2 Personen
Zubereitungszeit: ca. 45 Minuten
Marinierzeit: ca. 1 Stunde

315 kcal · 8 g Fett · 23 %
12 g Kohlenhydrate

100 g Schweinefilet
100 g Putenfilet
2 EL trockener Sherry
2 EL Sojasauce
½ EL Speisestärke
½ TL Zucker
1 getr. chinesischer Pilz
1 Stange Lauch
1 Möhre
10 g Glasnudeln
60 g gemischte Sprossen
150 g Bambussprossen (Dose)
1 EL Distelöl

1. Das Fleisch in dünne Scheiben schneiden, in einer Marinade aus Sherry, Sojasauce, Speisestärke und Zucker etwa 1 Stunde ziehen lassen.
2. Den Pilz in warmem Wasser 20 Minuten einweichen, klein schneiden. Den Lauch und die Möhre waschen und putzen, den Lauch in schmale Ringe, die Möhre in feine Streifen schneiden.
3. Die Nudeln einweichen, abtropfen lassen und zerschneiden. Die Sprossen abspülen.
4. Das Öl im Wok erhitzen und das Gemüse, die Sprossen und den Pilz portionsweise je 2 Minuten anbraten.
5. Das Fleisch abtropfen lassen, in 2 Portionen jeweils 3 Minuten unter Rühren braten.
6. Alles mischen, kurz erhitzen und abschmecken.
(auf dem Foto)

TIPP:
Dazu passt Reis.

Putencurry mit Sellerie und Möhren

Für 2 Personen
Zubereitungszeit: ca. 30 Minuten
475 kcal · 6,5 g Fett · 12 %
65 g Kohlenhydrate

150 g Reis
Salz
150 g Staudensellerie
150 g kleine Möhren
250 g Putenfilet
1 EL Öl
Pfeffer
1 EL Currypulver
2 EL Sojasauce
100 ml Geflügelbrühe
1 EL Rosinen

1. Den Reis in Salzwasser etwa 20 Minuten kochen, abgießen und abtropfen lassen.
2. Den Staudensellerie waschen, putzen und das Grün abschneiden. Die Stangen in schmale Scheiben schneiden, das Grün grob hacken und beiseite stellen.
3. Die Möhren waschen, putzen und in dünne Scheiben schneiden. Das Fleisch mit kaltem Wasser abspülen, mit Küchenpapier trockentupfen und in schmale Streifen schneiden.
4. Das Öl im Wok erhitzen und das Fleisch darin unter ständigem Rühren kräftig anbraten, dann pfeffern und mit Curry bestäuben.
5. Das Gemüse dazugeben unter Rühren etwa 2 Minuten mitbraten. Mit Sojasauce und der Brühe ablöschen.
6. Die Rosinen untermischen und weitere 2 Minuten garen, abschmecken und eventuell mit Salz, Pfeffer und Curry nachwürzen.
7. Das Selleriegrün unter das Putencurry mischen und mit dem Reis servieren.

(auf dem Foto)

Feinschmecker-Huhn mit Spargel

Für 2 Personen
Zubereitungszeit: ca. 35 Minuten
635 kcal · 10 g Fett · 14 %
65 g Kohlenhydrate

150 g Reis
Salz
100 g frische Maiskölbchen
200 g Champignons
500 g weißer Spargel
400 g Hähnchenbrust
1 EL Öl
1/8 l Hühnerbrühe
1 gestr. TL Currypulver
1 EL Noilly Prat (französischer Vermouth)

1. Den Reis in Salzwasser etwa 20 Minuten kochen, abgießen und abtropfen lassen. Inzwischen die Maiskölbchen waschen und halbieren.
2. Die Champignons putzen, die Stiele entfernen und die Köpfe in etwa 5 mm dicke Scheiben schneiden.
3. Den Spargel schälen, in 4 cm große Stücke schneiden und etwa 7 Minuten in Salzwasser bissfest kochen.
4. Die Hähnchenbrust in feine Streifen schneiden. Das Öl im Wok erhitzen. Das Fleisch darin anbraten, herausnehmen und zur Seite stellen.
5. Die Maiskölbchen und die Pilze in den Wok geben und unter ständigem Rühren anbraten, mit Hühnerbrühe ablöschen, Curry, Spargel und das Fleisch zugeben und 10 Minuten bei geschlossenem Deckel garen.
6. Das Gericht mit Noilly Prat abschmecken und mit dem Reis servieren.

Würziger Lamm-Kartoffel-Wok

Für 2 Personen
Zubereitungszeit: ca. 1 Stunde

375 kcal · 9 g Fett · 22 %
34 g Kohlenhydrate

200 g mageres Lammfleisch
Salz
Pfeffer
1 kleine Zwiebel
1 Knoblauchzehe
1 cm Ingwerwurzel
1 rote Paprikaschote
1 EL Öl
350 ml Fleischbrühe
350 g neue Kartoffeln
1 Msp. gem. Kreuzkümmel
1 EL Currypulver
1 EL Worcestersauce
1 EL Sojasauce
1 EL Speisestärke
je ½ Bd. Petersilie und Koriandergrün

1. Das Lammfleisch in mundgerechte Stücke schneiden und mit etwas Salz und Pfeffer würzen.
2. Zwiebel, Knoblauch und Ingwer schälen und fein hacken. Die Paprikaschote waschen, putzen und in feine Streifen schneiden.
3. Das Öl im Wok erhitzen und das Fleisch darin unter Rühren gut anbraten, herausnehmen und beiseite stellen.
4. Zwiebeln, Knoblauch, Ingwer und Paprika in den Wok geben und unter Rühren etwa 4 Minuten anbraten. Wenn nötig mit etwas Fleischbrühe ablöschen.
5. Die Kartoffeln waschen, abbürsten, je nach Größe halbieren oder vierteln und zum Gemüse geben. Mit Kreuzkümmel und Curry würzen.
6. Die Brühe angießen, Worcester- und Sojasauce dazugeben und das Fleisch wieder unterrühren. Zugedeckt etwa 25 Minuten garen, bis die Kartoffeln und das Fleisch weich sind.
7. Die Speisestärke mit etwas kaltem Wasser anrühren und die Flüssigkeit damit binden.
8. Die Petersilie und das Koriandergrün waschen und fein hacken, die Hälfte in das Gericht rühren, die andere Hälfte zum Bestreuen verwenden.

VARIATION:
Falls Sie Lamm nicht mögen (oder nicht bekommen können) lässt sich das Gericht auch gut mit Schweinefilet, mageren Rinderfiletstreifen oder Hähnchenbrustfilet zubereiten.

Zitronenhähnchen mit Champignons

Zitronenhähnchen mit Champignons

Für 2 Personen
Zubereitungszeit: ca. 35 Minuten

500 kcal · 7 g Fett · 13 %
63 g Kohlenhydrate

150 g Reis
Salz
2 Frühlingszwiebeln
1 cm Ingwerwurzel
1 EL trockener Sherry
2 EL helle Sojasauce
300 g Hähnchenbrust
1 Stange Staudensellerie
100 g Champignons
1 kleine grüne Paprikaschote
1 unbehandelte Zitrone
1 EL Öl

1. Den Reis in Salzwasser etwa 20 Minuten kochen, abgießen und warm halten.
2. Die Frühlingszwiebel waschen und putzen, den Ingwer schälen und beides klein hacken; mit dem Sherry und 1 Esslöffel der Sojasauce in einer Schüssel vermischen.
3. Das Fleisch in Scheiben schneiden, in der Marinade 15 Minuten ziehen lassen.
4. Sellerie waschen, putzen und in Scheiben schneiden, Champignons putzen und vierteln. Die Paprikaschote waschen, putzen, entkernen und in Streifen schneiden.
5. Von der Zitrone die Schale in dünne Streifen schneiden, das Fruchtfleisch in Scheiben schneiden.
6. Das Öl im Wok erhitzen. Sellerie, Pilze und Paprika dazugeben und 1 Minute unter Rühren anbraten.
7. Das Hähnchenfleisch mit der Marinade zufügen und unter Rühren 4 Minuten weiter braten. Die restliche Sojasauce und die Zitronenschale dazurühren und 1 weitere Minute braten.
8. Das Gericht mit den Zitronenscheiben garnieren und mit Reis servieren.

Chinakohl mit Schinken und Nudeln

Für 2 Personen
Zubereitungszeit: ca. 30 Minuten

350 kcal · 11 g Fett · 28 %
24 g Kohlenhydrate

1 kleine Stange Lauch
½ Chinakohl
200 g gekochter magerer Schinken
1 cm Ingwerwurzel
1 EL Öl
1 Knoblauchzehe
Pfeffer
Salz
200 g Mie-Nudeln
100 ml Gemüsebrühe
2 EL Sojasauce
1 TL Speisestärke

1. Den Lauch waschen, putzen und in feine Streifen schneiden.
2. Den Chinakohl von den unansehnlichen Blättern und dem Strunk befreien und in sehr feine Streifen schneiden, waschen und gut abtropfen lassen.
3. Die Schinkenscheiben einmal längs und einmal quer durchschneiden und dann in etwa ½ cm breite Streifen schneiden.
4. Die Ingwerwurzel schälen und fein würfeln.
5. Das Öl im Wok erhitzen, Ingwer und die Schinkenstreifen zufügen, den Knoblauch dazupressen. Unter Rühren etwa 1 Minute anbraten, herausnehmen und beiseite stellen.
6. Die Lauch- und die Chinakohlstreifen in den Wok geben und etwa 5 Minuten unter Rühren braten, bis das Gemüse gerade bissfest ist. Mit Pfeffer und Salz würzen.
7. Die Nudeln nach Packungsanweisung etwa 4 Minuten kochen und abgießen.
8. Die Brühe und die Sojasauce mit der Speisestärke glatt rühren und zum Gemüse gießen. Die Schinkenstreifen dazugeben, das Gericht aufkochen und gut durchrühren. Mit den Nudeln servieren.

VARIATION:
Anstatt mit Chinakohl können Sie dieses Gericht auch mit Wirsing zubereiten.

Geschmorter Fisch mit Mangochutney

Für 2 Personen
Zubereitungszeit: ca. 30 Minuten

400 kcal · 6 g Fett · 14 %
59 g Kohlenhydrate

3 getr. chinesische Pilze
100 g Reis, Salz
1 Knoblauchzehe
1 Zwiebel
je ½ rote und grüne Paprikaschote
50 g Sojabohnensprossen
1 EL Öl
4 EL Tomatenketchup
⅛ l Bratensauce (Instant)
1 EL Honig, 1 EL Essig
1 EL Sojasauce
2 EL Mangochutney
300 g Fischfilet
Saft von ½ Zitrone
½ TL Fünf-Gewürz-Pulver

1. Die Pilze etwa 15 Minuten in warmem Wasser einweichen und in Streifen schneiden. Den Reis in Salzwasser etwa 20 Minuten kochen, abgießen, abtropfen lassen und warm halten.
2. Den Knoblauch und die Zwiebel schälen und fein würfeln. Die Paprikaschoten waschen, putzen und ebenfalls in Würfel schneiden. Die Sojabohnensprossen abspülen und abtropfen lassen.
3. Das Öl im Wok erhitzen und den Knoblauch, die Gemüsewürfel und die Pilze darin unter Rühren anbraten, die Sojabohnensprossen dazugeben. Ketchup, Bratensauce, Honig, Essig und die Würzsaucen dazugeben und alles aufkochen.
4. Das Fischfilet kalt abspülen, trockentupfen, in mundgerechte Stücke schneiden, mit Zitronensaft beträufeln und mit dem Fünf-Gewürz-Pulver würzen. Den Fisch in den Wok geben und 15 Minuten mitschmoren. Mit dem Reis servieren.
(auf dem Foto)

Gedünstete Fischscheiben in Weinsauce

Für 2 Personen
Zubereitungszeit: ca. 30 Minuten

425 kcal · 8 g Fett · 17 %
42 g Kohlenhydrate

100 g Reis, Salz
400 g Seezungenfilet
2 TL Speisestärke
½ Eiweiß
2 große Champignons
1 cm Ingwerwurzel
1 Lauchzwiebel
4 EL Hühnerbrühe
2 EL Reiswein
½ TL Zucker
1 EL Öl

1. Den Reis in Salzwasser etwa 20 Minuten kochen und warm halten.
2. Den Fisch kalt abspülen, trockentupfen und in mundgerechte Stücke schneiden. Anschließend mit Salz und 1 TL Speisestärke einreiben, in dem verquirlten Eiweiß wenden und etwa 10 Minuten ruhen lassen.
3. Die Pilze putzen und die Köpfe vierteln. Den Ingwer schälen und in feine Würfel schneiden. Die Lauchzwiebel waschen, putzen und in feine Ringe schneiden.
4. Brühe, Reiswein, Zucker und 1 TL Speisestärke in einer kleinen Schüssel verrühren.
5. Das Öl im Wok erhitzen. Den Ingwer und die Lauchzwiebeln unter Rühren etwa 1 Minute anbraten, dann die Champignons zugeben und 1 weitere Minute pfannenrühren.
6. Die angerührte Brühe zugießen, zum Kochen bringen und so lange rühren, bis die Sauce bindet.
7. Die Fischstücke in die siedende Sauce geben und 4 bis 5 Minuten garen. Einige Male vorsichtig wenden.

Riesengarnelen in süßscharfer Sauce

Für 2 Personen
Zubereitungszeit: ca. 30 Minuten

500 kcal · 10 g Fett · 18 %
43 g Kohlenhydrate

100 g Basmatireis
Salz
2 TL fermentierte schwarze Sojabohnen
1 Zwiebel
1 cm Ingwerwurzel
6 frische Riesengarnelenschwänze mit Schale
1 EL Öl
50 g mageres Schweinehackfleisch
1 EL Sojasauce
1 EL Tomatenmark
1 TL Zucker
1 TL Chilisauce
2 EL Rotwein
3 EL Brühe

1. Den Reis nach Packungsanweisung etwa 20 Minuten in Salzwasser kochen. Die fermentierten Sojabohnen in kaltem Wasser 5 Minuten einweichen und abtropfen lassen.
2. Die Zwiebel und den Ingwer schälen und fein hacken. Die Garnelenschwänze kalt abspülen, trockentupfen und mit Salz und Ingwer einreiben.
3. Das Öl im Wok erhitzen und die Zwiebelwürfel darin bei starker Hitze unter Rühren anbraten. Die Garnelen hinzufügen und etwa 3 Minuten pfannenrühren. Herausnehmen und auf ein Gitter legen.
4. Die fermentierten Sojabohnen und das Hackfleisch in den Wok geben und etwa 1 Minute bei starker Hitze pfannenrühren.
5. Sojasauce, Tomatenmark, Zucker, Chilisauce, Rotwein und Brühe zugeben und alles zu einer sämigen Sauce verrühren.
6. Die Sauce zum Kochen bringen und die Garnelen wieder hinzufügen. Unter ständigem Rühren die Sauce einkochen, bis sie die Garnelenschwänze überzieht.
7. Die Garnelen auf einer vorgewärmten Platte anrichten und mit dem Reis servieren.

TIPP:
Die Sauce wird von den Garnelenschwänzen geschleckt, bevor man das Fleisch herauslöst.

Red Snapper mit Staudensellerie

Red Snapper mit Staudensellerie

Für 2 Personen
Zubereitungszeit: ca. 25 Minuten

335 kcal · 6,5 g Fett · 17 %
41 g Kohlenhydrate

100 g Reis
Salz
250 g Filet vom Red Snapper
1 Knoblauchzehe
2 Stangen Staudensellerie
1 Frühlingszwiebel
1 EL Öl
1 EL Fischsauce
1 EL Sojasauce
Pfeffer
einige Zweige Minze

1. Den Reis in Salzwasser etwa 20 Minuten kochen, dann abgießen und abtropfen lassen.
2. Inzwischen das Fischfilet kalt abspülen, trockentupfen und in mundgerechte Stücke schneiden.
3. Den Knoblauch schälen und fein hacken. Den Staudensellerie und die Frühlingszwiebel putzen und waschen. Die Selleriestangen in dünne Scheiben, die Frühlingszwiebel mit dem Grün in feine Ringe schneiden.
4. Das Öl im Wok erhitzen und die Fischstücke portionsweise darin anbraten, herausnehmen und beiseite stellen.
5. Den Knoblauch und das Gemüse in den Wok geben und unter Rühren anbraten. Den Fisch wieder dazugeben und das Ganze kurz erhitzen.
6. Alles mit der Fisch- und der Sojasauce sowie mit dem Pfeffer abschmecken und vorsichtig vermischen.
7. Die Minze waschen, die Blättchen zerzupfen und das Gericht damit bestreuen.

Gedämpfte Schollenrouladen

Für 2 Personen
Zubereitungszeit: ca. 1 1/2 Stunden

295 kcal · 10 g Fett · 31 %
14 g Kohlenhydrate

Für die Marinade:
Saft von 1 Zitrone
1 EL Sojasauce
1 EL Austernsauce
1 EL Pflaumensauce
1 TL Reiswein
Salz
Sichuan-Pfeffer

Für die Rouladen:
350 g Schollenfilet
2 getr. chinesische Pilze
6 – 8 Chinakohlblätter
Salz
50 g Sojabohnensprossen
50 g TK-Erbsen
1 EL gehackte Walnüsse
1 kleines Ei
1 EL Speisestärke
reichlich Essigwasser

1. Die Zutaten für die Marinade gut verrühren. Das Fischfilet kalt abspülen, trockentupfen, würfeln und zu der Marinade geben. Das Ganze mindestens 30 Minuten ziehen lassen.
2. Für die Rouladen die Pilze etwa 15 Minuten in warmem Wasser einweichen, abtropfen lassen und in Streifen schneiden.
3. Die Chinakohlblätter in kochendem Salzwasser kurz blanchieren und abtropfen lassen. Die Sprossen abspülen und ebenfalls abtropfen lassen.
4. Sprossen, Erbsen, Pilze, Nüsse, Ei und Stärke zum Fisch geben, gut vermischen und abschmecken.
5. Je 3 bis 4 Chinakohlblätter übereinander legen, jeweils die Hälfte der Fischmasse darauf geben und alles zusammenrollen.
6. Die Rouladen in einen Dampfkorb legen und über kochendem Essigwasser im Wok 25 bis 30 Minuten dämpfen.

Seehecht in Tomaten-Kokos-Sauce

Für 2 Personen
Zubereitungszeit: ca. 30 Minuten

260 kcal · 8 g Fett · 28 %
8,5 g Kohlenhydrate

2 Tomaten
2 Knoblauchzehen
1 große Zwiebel
1 EL Pflanzenöl
3 EL gehackte Petersilie
1 EL Kokosflocken
½ TL Salz
Pfeffer
½ TL Kurkumapulver
1 Msp. gem. Koriander
1 Msp. Zimtpulver
1 Msp. ger. Muskatnuss
1 Msp. gem. Kardamom
400 g Seehechtfilet
1 EL Limettensaft

1. Die Tomaten über Kreuz einritzen, kurz überbrühen, enthäuten und in kleine Würfel schneiden.
2. Den Knoblauch und die Zwiebel schälen und in feine Würfel schneiden.
3. Das Öl im Wok erhitzen. Zwiebeln, Knoblauch und Petersilie unter Rühren darin andünsten.
4. Die Tomatenwürfel, die Kokosflocken, das Salz, etwas Pfeffer und alle anderen Gewürze zugeben, bis die Sauce leicht eingekocht ist.
5. Das Seehechtfilet kalt abspülen, trockentupfen, in mundgerechte Stücke schneiden und zusammen mit dem Limettensaft in die Sauce geben. Zugedeckt etwa 10 Minuten köcheln lassen.

TIPP:
Dazu passen sowohl Reis als auch Nudeln.

Kabeljau mit Limettensauce

Kabeljau mit Limettensauce

Für 2 Personen
Zubereitungszeit: ca. 20 Minuten

160 kcal · 1 g Fett · 6 %
10,5 g Kohlenhydrate

1 Knoblauchzehe
2 Schalotten
1 frische Chilischote
1 Stängel Zitronengras
1 geh. TL brauner Zucker
50 g TK-Erbsen
1 EL Sojasauce
1 EL Fischsauce
Saft von 1 Limette
300 g Kabeljaufilet
einige Korianderblättchen

1. Den Knoblauch und die Schalotten schälen und fein hacken. Die Chilischote waschen, entkernen und fein hacken.
2. Von dem Zitronengras nur die unteren 6 cm verwenden: waschen, trockentupfen und längs vierteln. Die Viertel in feine Scheibchen schneiden.
3. Alle Zutaten zusammen mit 100 ml Wasser, Zucker, Erbsen, Soja- und Fischsauce und Limettensaft in den Wok geben und bei starker Hitze aufkochen.
4. Den Fisch kalt abspülen, trockentupfen, in Würfel schneiden und in dem Sud zugedeckt bei schwacher Hitze etwa 5 Minuten garen.
5. Die Korianderblättchen waschen und trockentupfen. Den Fisch vorsichtig aus der Sauce heben und auf Tellern anrichten. Die Korianderblätter über den Fisch streuen.
6. Das Zitronengras aus der Sauce nehmen und die Sauce zum Fisch servieren.

Gebratene Reisnudeln mit Meeresfrüchten

Für 2 Personen
Zubereitungszeit: ca. 50 Minuten
Auftauzeit: ca. 1 Stunde

370 kcal · 7 g Fett · 17 %
49 g Kohlenhydrate

250 g gemischte TK-Meeresfrüchte
100 g dünne Reisnudeln
1 cm Ingwerwurzel
1 Frühlingszwiebel
2 Knoblauchzehen
je 1 rote und grüne Paprikaschote
4 kleine Maiskölbchen
2 TL Öl
1 EL Austernsauce
1 EL Fischsauce
2 Zweige Koriandergrün

1. Die Meeresfrüchte auftauen lassen. Die Reisnudeln mit siedendem Wasser übergießen und für etwa 10 Minuten quellen lassen. Dann die Nudeln abgießen und mit einer Küchenschere klein schneiden.
2. Den Ingwer schälen, in Scheibchen schneiden und fein hacken.
3. Die Frühlingszwiebel waschen, putzen und klein hacken. Den Knoblauch schälen und fein hacken.
4. Die Paprikaschoten waschen, halbieren, entkernen und in feine Streifen schneiden. Die Maiskölbchen abspülen und abtropfen lassen.
5. 1 Teelöffel Öl im Wok erhitzen, die Zwiebeln und den Knoblauch darin kurz unter Rühren anbraten. Die Maiskölbchen und die Paprikastreifen dazugeben und etwa 1 Minute mitbraten. Danach das Ganze aus dem Wok nehmen.
6. Das restliche Öl in den Wok geben und die Reisnudeln darin unter vorsichtigem Wenden scharf anbraten. Ebenfalls herausnehmen und beiseite stellen.
7. Die abgespülten und abgetropften Meeresfrüchte in den Wok geben. Ingwer, Austern- und Fischsauce dazugeben und kurz aufkochen.
8. Das Gemüse und die Nudeln wieder zufügen, alles gut vermischen und heiß werden lassen. Den Koriander waschen, die Blätter von den Stielen zupfen und das Gericht vor dem Servieren damit bestreuen.

TIPP:
Sie mögen keinen Ingwer? Eine gute Messerspitze Safranpulver oder 6 Fäden runden Fischgerichte immer harmonisch ab. Safran ist zwar teuer, aber Sie benötigen nur winzige Mengen.

Gedämpfte Reis-Garnelen-Bällchen

Für 2 Personen
Zubereitungszeit: ca. 50 Minuten

255 kcal · 2 g Fett · 7 %
49 g Kohlenhydrate

125 g Klebreis
Salz
50 g mittelgroße Garnelen
1 kleine Frühlingszwiebel
½ cm Ingwerwurzel
2 EL Fischsauce

1. Den Reis in einem Sieb unter kaltem Wasser abspülen, bis das Wasser klar abfließt.
2. Den Reis mit 175 ml Salzwasser in einem Topf aufkochen. Die Hitze reduzieren und den Reis zugedeckt bei schwächster Hitze etwa 20 Minuten ziehen lassen.
3. Die Garnelen unter kaltem Wasser abspülen, abtropfen lassen und grob zerkleinern. Die Frühlingszwiebel waschen, putzen und fein hacken.
4. Den Ingwer schälen und fein reiben. Die Garnelen und die Frühlingszwiebeln in eine Schüssel geben und mit dem Ingwer und der Fischsauce würzen.
5. Jeweils etwa 2 Esslöffel Reis abstechen und mit dem Löffel zu runden, flachen Fladen formen. In die Mitte jeweils etwas Garnelenfüllung geben. Die Füllung mit dem Reis umhüllen, mit den Händen Bällchen von etwa 5 cm Durchmesser formen und diese fest zusammendrücken.
6. Die Reisbällchen in den Dämpfaufsatz des Woks legen, etwas Wasser im Wok erhitzen und den Aufsatz in den Wok stellen. Die Reisbällchen etwa 15 Minuten bei schwacher Hitze dämpfen. Sofort servieren.

Garnelen mit gebratenem Gemüse

Für 2 Personen
Zubereitungszeit: ca. 30 Minuten
Marinierzeit: 15 Minuten

385 kcal · 7 g Fett · 16 %
45 g Kohlenhydrate

3 getr. chinesische Pilze
200 g ausgelöste Garnelen
2 EL Sojasauce
2 EL Austernsauce
2 EL Reiswein
Saft von ½ Zitrone
100 g Nudeln
Salz
2 Frühlingszwiebeln
50 g Zuckerschoten
je ½ rote und grüne Paprikaschote
50 g Bambussprossen (Dose)
50 g Sojabohnensprossen
1 EL Öl
100 ml Gemüsebrühe
Pfeffer
1 Prise Cayennepfeffer

1. Die Pilze 15 Minuten in warmem Wasser einweichen und in Streifen schneiden.
2. Die Garnelen in den Würzsaucen, dem Reiswein und Zitronensaft 15 Minuten marinieren.
3. Die Nudeln in Salzwasser bissfest kochen, abgießen und abtropfen lassen.
4. Frühlingszwiebeln, Zuckerschoten und Paprika waschen, putzen und in feine Streifen schneiden. Die Sprossen abspülen und abtropfen lassen. Das Öl im Wok erhitzen und das Gemüse unter Rühren etwa 4 Minuten anbraten.
5. Die Garnelen mit der Marinade, den Nudeln und der Brühe dazugeben, alles noch einmal aufkochen, abschmecken und servieren.

Gedämpfte Reis-Garnelen-Bällchen

Gebratener Reis mit Jakobsmuscheln

Für 2 Personen
Zubereitungszeit: ca. 30 Minuten

405 kcal · 12 g Fett · 27 %
41 g Kohlenhydrate

200 g Jakobsmuscheln
50 g Lachsschinken
80 g Brokkoli
1 Frühlingszwiebel
2 kleine Eier
1 TL Salz
Pfeffer
2 TL Öl
400 g gekochter kalter Reis

1. Die Jakobsmuscheln waschen und in einem Sieb gut abtropfen lassen. Das Muschelfleisch und den Schinken in Würfel schneiden.
2. Den Brokkoli und die Frühlingszwiebel waschen, putzen und in kleine Stücke schneiden. Die Eier mit Salz und Pfeffer verquirlen.
3. Den Wok erhitzen und mit 1 Teelöffel Öl ausschwenken. Die Eimasse unter ständigem Rühren darin anbraten und aus dem Wok herausnehmen.
4. Das restliche Öl in den Wok geben und den Lachsschinken, den Brokkoli und die Jakobsmuscheln darin unter ständigem Rühren etwa 3 Minuten anbraten.
5. Dann den Reis unterheben und rundherum scharf anbraten. Die Eimasse und die Frühlingszwiebeln zugeben und kurz mitbraten. Mit Salz und Pfeffer abschmecken und servieren.

Glasnudeln mit chinesischen Pilzen

Für 2 Personen
Zubereitungszeit: ca. 45 Minuten

500 kcal · 12 g Fett · 22 %
78 g Kohlenhydrate

200 g Glasnudeln
14 getr. Mu-Err-Pilze
je 1 rote und grüne sowie 2 gelbe Paprikaschoten
200 g frische Sprossen
3 TL Öl
3 TL Mohnsamen
1 Limette
1½ TL Sambal oelek
1½ TL Honig
Salz

1. Die Glasnudeln und die Pilze in getrennten Gefäßen in lauwarmem Wasser 30 Minuten quellen lassen.
2. Die Paprikaschoten waschen, entkernen und in feine Streifen schneiden. Die Sprossen abspülen und abtropfen lassen.
3. Die Pilze abtropfen lassen, von den Stielen befreien und grob hacken.
4. Den Wok erhitzen und das Öl darin heiß werden lassen. Paprikastreifen, Mohn und Pilze hinzufügen und 3 bis 4 Minuten unter Rühren anbraten.
5. Die Glasnudeln abtropfen lassen, mit einer Küchenschere etwas kleiner schneiden und mit den Sprossen in den Wok geben.
6. Die Limette auspressen, den Saft zusammen mit Sambal oelek, Honig und 6 Esslöffel Wasser in den Wok geben und unterrühren. Alles heiß werden lassen, mit Salz abschmecken und servieren.
(auf dem Foto)

Nudeln mit Pfifferlingen

Für 2 Personen
Zubereitungszeit: ca. 20 Minuten

535 kcal · 7 g Fett · 12 %
97 g Kohlenhydrate

250 g Mie-Nudeln
Salz
1 kleine rote Paprikaschote
250 g Pfifferlinge
1 Zwiebel
1 EL Öl
2 EL Sojasauce
Pfeffer
2 EL gehackte Petersilie

1. Die Nudeln in reichlich Salzwasser entsprechend der Packungsanweisung etwa 3 Minuten kochen, abspülen und abtropfen lassen.
2. Die Paprikaschote waschen, putzen und in kleine Würfel schneiden. Die Pfifferlinge putzen, die Zwiebel schälen und in kleine Würfel schneiden.
3. Das Öl im Wok erhitzen, die Pilze darin unter Rühren etwa 3 Minuten braten, die Zwiebel- und Paprikawürfel dazugeben und weitere 3 Minuten braten.
4. Das Gemüse mit der Sojasauce und Pfeffer würzen, die Nudeln dazugeben, alles unter Rühren warm werden lassen. Das Nudelgericht mit der Petersilie bestreut servieren.

Mie-Nudeln mit Spinat und Mais

Für 2 Personen
Zubereitungszeit: ca. 45 Minuten

250 kcal · 8 g Fett · 29 %
34 g Kohlenhydrate

150 g Mie-Nudeln
Salz
250 g Blattspinat
1 Frühlingszwiebel
1 Knoblauchzehe
1 Tomate
2 EL Öl
150 g Maiskörner (Dose)
50 ml Gemüsebrühe
2 EL Sojasauce
2 EL Maisflüssigkeit
½ TL Sambal oelek
Pfeffer
1 Prise Zucker

1. Die Nudeln nach Packungsanweisung garen, abgießen, abschrecken und abtropfen lassen.
2. Den Spinat waschen, verlesen und dicke Stiele entfernen. Die Frühlingszwiebel waschen, putzen und in feine Ringe schneiden.
3. Knoblauch schälen und fein hacken. Tomate über Kreuz einritzen, überbrühen, enthäuten und klein würfeln.
4. Den Wok erhitzen, 1 Esslöffel Öl darin heiß werden lassen. Die Nudeln flach im Wok verteilen und knusprig anbraten, herausnehmen und im Backofen warm stellen.
5. Das restliche Öl in den Wok geben und die Frühlingszwiebeln mit dem Knoblauch darin anbraten. Maiskörner, Spinat und Tomatenwürfel dazugeben und unter Rühren garen, bis der Spinat zusammengefallen ist.
6. Gemüsebrühe, Sojasauce, Maisflüssigkeit und Sambal oelek untermischen, mit Salz, Pfeffer und Zucker abschmecken. Die Mischung über die Nudeln geben und das Gericht sofort servieren.
(auf dem Foto)

Nudeln mit Spargel und Spinat

Für 2 Personen
Zubereitungszeit: ca. 30 Minuten

410 kcal · 9 g Fett · 20 %
64 g Kohlenhydrate

250 g Spargel
250 g Blattspinat
125 g Champignons
1 Knoblauchzehe
150 g dünne Bandnudeln (eifrei)
Salz, 1 EL Öl
1 EL Sojasauce
1 TL Sonnenblumenkerne
1 TL Zucker
50 ml Gemüsebrühe
1 Päckchen Zitronenschale
weißer Pfeffer
½ Bd. gehackte Petersilie

1. Den Spargel waschen, schälen und schräg in 1 cm dicke Streifen schneiden. Den Spinat waschen, verlesen und dicke Stiele entfernen.
2. Pilze putzen und in Scheiben schneiden. Knoblauch fein würfeln. Nudeln nach Packungsanweisung kochen.
3. Den Wok erhitzen, das Öl zugeben. Den Spargel darin bei starker Hitze unter Rühren 4 bis 5 Minuten braten. Mit Sojasauce ablöschen.
4. Die Pilze und die Sonnenblumenkerne dazugeben und mit dem Zucker bestreuen. Weitere 2 Minuten unter Rühren braten.
5. Den Spinat untermischen und 1 bis 2 Minuten weiterbraten, bis die Blätter zusammengefallen sind. Die Gemüsebrühe zusammen mit den Knoblauchwürfeln und der Zitronenschale unterrühren.
6. Das Gemüse mit Salz und Pfeffer würzen und mit der gehackten Petersilie bestreuen. Zusammen mit den Nudeln servieren.

Gemüse-Rührei-Wok

Für 2 Personen
Zubereitungszeit: ca. 30 Minuten

375 kcal · 12 g Fett · 29 %
47 g Kohlenhydrate

100 g Reis
Salz
100 g Brokkoliröschen
100 g Austernpilze
1 kleine rote Paprikaschote
50 g Chinakohl
1 Tomate
2 Eier
100 ml Gemüsebrühe
1 TL Speisestärke
1 EL Sojasauce
1 TL Zucker
½ TL Sambal oelek
2 TL Öl
1 Bd. Schnittlauch

1. Reis nach Packungsanweisung kochen. Brokkoli waschen und putzen, Röschen vierteln. Austernpilze putzen und in feine Streifen schneiden.
2. Die Paprikaschote und den Chinakohl waschen, putzen, die Schote entkernen und beides in schmale Streifen schneiden. Den Schnittlauch waschen und in etwa 2 cm lange Stücke schneiden.
3. Die Tomate über Kreuz einritzen, kurz überbrühen, enthäuten und klein würfeln. Die Eier mit etwas Salz verquirlen.
4. Für die Sauce die Gemüsebrühe mit Speisestärke, Sojasauce, Zucker und Sambal oelek verrühren.
5. Den Wok mit 1 Teelöffel Öl auspinseln und erhitzen. Darin die Eiermasse durch Schwenken verteilen und stocken lassen. Mit einem Holzspatel zerteilen, kurz weiterbraten und herausnehmen.
6. Das restliche Öl im Wok erhitzen und den Brokkoli darin 3 Minuten bei starker Hitze braten. Austernpilze, Paprika und Chinakohl dazugeben und weitere 3 Minuten braten.
7. Die Sauce und die Tomatenwürfel zugeben und 1 Minute mitgaren. Bei etwas reduzierter Hitze die Eier untermischen. Mit Salz abschmecken, mit Schnittlauch bestreuen. Dazu den Reis servieren.

Gemischtes Gemüse süßsauer

Für 2 Personen
Zubereitungszeit: ca. 30 Minuten

210 kcal · 4 g Fett · 17 %
37 g Kohlenhydrate

500 g gemischtes Gemüse (Möhren, Brokkoli, Maiskölbchen, Lauch, Staudensellerie, Bambussprossen, Sojabohnensprossen, Zuckerschoten)
100 g frische Shiitake-Pilze
75 g Litschis (Dose)
2 EL Sojasauce
2 EL Zucker
2 EL Reisessig
2 EL Tomatenketchup
Pfeffer
100 ml Gemüsebrühe
½ TL Speisestärke
2 cm Ingwerwurzel
2 Knoblauchzehen
1 TL Öl

1. Das Gemüse sofern nötig waschen, putzen und in mundgerechte Stücke schneiden. Die Pilze putzen und in Streifen schneiden. Die Litschis abtropfen lassen.
2. Sojasauce mit Zucker, Reisessig, Ketchup, Pfeffer, Brühe und Stärke verquirlen.
3. Ingwer und Knoblauch schälen und fein würfeln. Das Öl im Wok erhitzen und Ingwer sowie Knoblauch darin kurz unter Rühren anbraten.
4. Nach und nach das Gemüse zugeben, die festen Sorten zuerst, und dann jeweils unter Rühren anbraten. Die Litschis zum Schluss unterrühren.
5. Die verquirlte Sauce in den Wok gießen und alles noch einmal kurz aufkochen.

Gemüse-Rührei-Wok

Gekochter Reis in Kokosmilch

Für 2 Personen
Zubereitungszeit: ca. 30 Minuten

565 kcal · 12 g Fett · 19 %
102 g Kohlenhydrate

150 g Reis
300 ml Kokosmilch (Dose)
1–2 TL Salz
1 TL Zucker

1. Den Reis in einem Sieb abspülen und abtropfen lassen.
2. Den abgetropften Reis zusammen mit der Kokosmilch in den Wok geben, Salz und Zucker zufügen, alles zum Kochen bringen und offen etwa 10 Minuten kochen lassen.
3. Den Wok schließen und den Reis bei kleinster Hitze etwa 10 bis 15 Minuten ausquellen lassen.

TIPP:
Der Kokos-Reis schmeckt auch als Beilage zu Fleisch oder Fischgerichten.

Gemüse auf exotische Art

Für 2 Personen
Zubereitungszeit: ca. 35 Minuten

345 kcal · 11 g Fett · 29 %
52 g Kohlenhydrate

100 g Reis, Salz
1 Banane
1 EL Zitronensaft
1 Zucchini
2 Stangen Lauch
1 rote Paprikaschote
150 g Sojabohnensprossen
1 Zwiebel
2 EL Erdnusscreme
1/8 l Gemüsebrühe
2 EL Öl
1 Zimtstange
2 getr. Chilischoten
1 Prise Kardamom
Pfeffer

1. Den Reis nach Packungsanweisung kochen. Die Banane schälen und in 1 cm dicke Scheiben schneiden. Mit dem Zitronensaft beträufeln.
2. Das Gemüse waschen und putzen. Die Zucchini in 5 mm dicke Scheiben, den Lauch in Ringe und die Paprikaschote in feine Streifen schneiden.
3. Die Sprossen abspülen. Die Zwiebel schälen, halbieren und in feine Ringe schneiden.
4. Für die Sauce die Erdnusscreme mit der Gemüsebrühe verrühren.
5. Das Öl im Wok erhitzen, Zimt und Chilis, unter Rühren 2 Minuten anrösten und wieder herausnehmen.
6. Die Bananenscheiben in das heiße aromatisierte Öl geben und 30 Sekunden braten. An die Seite des Woks schieben.
7. Zucchini, Paprikaschote und Lauch in das Öl geben und unter Rühren bei starker Hitze etwa 4 Minuten braten. Die Sojabohnensprossen dazugeben und 1 weitere Minute braten.
8. Die Bananenscheiben und die Sauce untermischen, mit Kardamom würzen und alles heiß werden lassen; mit Salz und Pfeffer abschmecken. Die Gemüsemischung zusammen mit dem Reis servieren.

Gebratener Curryreis mit Ei

Für 2 Personen
Zubereitungszeit: ca. 40 Minuten

430 kcal · 14 g Fett · 29 %
59 g Kohlenhydrate

125 g Basmatireis, Salz
1 rote Paprikaschote
1 Möhre
1 Stange Lauch
50 g Champignons
50 g Sojabohnensprossen
2 EL Öl
2 EL Sojasauce
50 g TK-Erbsen
1 TL Currypulver, 1 Ei
1 EL Reiswein, Pfeffer

1. Den Reis nach Packungsanweisung kochen.
2. Den Paprika und die Möhre waschen, putzen und in kleine Würfel schneiden. Den Lauch waschen, putzen und quer in Streifen schneiden.
3. Die Champignons putzen und in Scheiben schneiden. Die Sprossen abspülen und abtropfen lassen.
4. 1 EL Öl im Wok erhitzen, den abgetropften Reis darin unter Rühren braten, bis er leicht knusprig ist und wieder herausnehmen.
5. Das restliche Öl in den Wok geben und das klein geschnittene Gemüse darin unter Rühren etwa 3 Minuten braten, mit Sojasauce ablöschen.
6. Erbsen und Sprossen dazugeben und weitere 3 Minuten braten. Currypulver und Reis untermischen.
7. Das Ei mit Reiswein verquirlen, salzen und pfeffern und unter den Reis rühren, kurz stocken lassen und sofort verrühren.
(auf dem Foto)

Gedämpfter Reis mit Möhren und Erbsen

Für 2 Personen
Zubereitungszeit: ca. 1 ½ Stunden

380 kcal · 6 g Fett · 14 %
71 g Kohlenhydrate

150 g Reis
Salz
2 kleine Möhren
½ Bd. Frühlingszwiebeln
1 große rote Paprikaschote
1 EL Erdnussöl
100 g TK-Erbsen
4 EL Schnittlauchröllchen
3 EL Austernsauce

1. Den Reis in Salzwasser 5 Minuten kochen und abtropfen lassen.
2. Die Möhren, die Frühlingszwiebeln und die Paprikaschote waschen, putzen und raspeln bzw. in kleine Würfel schneiden.
3. Das Öl im Wok erhitzen und anschließend das Gemüse kurz darin anschwitzen. Die Erbsen und den gekochten Reis darunter mischen. Zum Schluss die Gemüse-Reis-Masse in feuerfeste Förmchen geben.
4. So viel leicht gesalzenes heißes Wasser dazugeben, dass der Reis leicht bedeckt ist. Die Förmchen müssen groß genug sein, da sich das Reisvolumen etwa verdoppelt.
5. Die Förmchen in einen Dampfkorb stellen und den Reis darin im Wok etwa 1 Stunde garen. Den gedämpften Reis mit Schnittlauchröllchen bestreuen und mit der Austernsauce überziehen.

Kartoffeln auf süßsaure Art

Für 2 Personen
Zubereitungszeit: ca. 35 Minuten

310 kcal · 10 g Fett · 29 %
47 g Kohlenhydrate

500 g Kartoffeln
1 Bd. Frühlingszwiebeln
1 kleine rote Paprikaschote
2 Knoblauchzehen
2 EL Öl
1 EL Zucker
4 EL Aceto balsamico
1 EL Sojasauce
1 Bd. Schnittlauch
Salz, Pfeffer
Chilipulver

1. Die Kartoffeln schälen und in feine Stifte schneiden. Die Frühlingszwiebeln waschen, putzen, in etwa 5 cm lange Stücke schneiden und diese ebenfalls in feine Streifen schneiden.
2. Die Paprikaschote waschen, entkernen und in feine Streifen schneiden. Den Knoblauch schälen und in dünne Scheiben schneiden. Den Schnittlauch waschen und abtropfen lassen.
3. Das Öl im Wok erhitzen. Kartoffeln, Frühlingszwiebeln und Paprikaschote unter Rühren darin bei starker Hitze etwa 6 Minuten anbraten.
4. Den Zucker mit dem Essig und der Sojasauce verrühren. Mit dem Knoblauch zu den Kartoffeln geben und bei schwacher Hitze noch 1 Minute ziehen lassen.
5. Den Schnittlauch waschen und in Röllchen schneiden. Das Gericht mit Salz, Pfeffer und Chilipulver würzen. Mit Schnittlauch bestreut servieren.

Pikanter Kartoffel-Wirsing-Topf

Pikanter Kartoffel-Wirsing-Topf

Für 2 Personen
Zubereitungszeit: ca. 35 Minuten

300 kcal · 9 g Fett · 27 %
38 g Kohlenhydrate

375 g Kartoffeln
375 g Wirsing
2 kleine Zwiebeln
2 kleine Fleischtomaten
2 cm Ingwerwurzel
1½ TL gem. Kurkuma
½ TL gem. Koriander
½ TL gem. Kreuzkümmel
½ TL Zimtpulver
1 Msp. Cayennepfeffer
1 TL Salz
3 TL Sojaöl
200 ml Gemüsebrühe
4 EL Joghurt (1,5 % Fett)

1. Die Kartoffeln schälen und würfeln. Den Wirsing von den äußeren Blättern befreien, waschen und vierteln. Strunk entfernen und den Wirsing in feine Streifen schneiden.
2. Die Zwiebeln schälen, halbieren und in Ringe schneiden. Die Tomaten über Kreuz einritzen, kurz überbrühen, enthäuten und in Stücke schneiden.
3. Den Ingwer schälen und fein würfeln. Alle Gewürze mit dem Salz vermischen.
4. Das Öl im Wok erhitzen. Kartoffeln, Zwiebeln und Wirsing bei starker Hitze darin unter Rühren etwa 5 Minuten anbraten. Die Gewürzmischung dazugeben und weitere 2 Minuten braten.
5. Tomaten, Gemüsebrühe und Joghurt zum Kartoffelgemüse geben, die Hitze etwas reduzieren und alles zugedeckt etwa 13 Minuten garen.

Asiatische Linsenpfanne

Für 2 Personen
Zubereitungszeit: ca. 45 Minuten
Einweichzeit: über Nacht

340 kcal · 9 g Fett · 24 %
47 g Kohlenhydrate

100 g Linsen
½ l Gemüsebrühe
200 g Kartoffeln
1 Möhre
2 Stangen Staudensellerie
1 Zwiebel
100 g Champignons
2 EL Butter
2 EL Sojasauce
Salz
Pfeffer
2 EL gehackte Petersilie
2 EL Schnittlauchröllchen

1. Die Linsen über Nacht in Wasser einweichen. Die eingeweichten Linsen in der Gemüsebrühe aufkochen und etwa 30 Minuten bei schwacher Hitze im geschlossenen Topf garen.
2. Die Kartoffeln schälen, in Würfel schneiden und nach 15 Minuten zu den Linsen geben und mitgaren.
3. Die Möhre und den Sellerie waschen und putzen. Die Möhre würfeln, den Sellerie in Scheiben schneiden.
4. Die Zwiebel schälen und fein würfeln. Die Champignons putzen und je nach Größe halbieren oder vierteln.
5. Den Wok erhitzen die Butter zerlassen und die Zwiebelwürfel darin andünsten. Die Pilze und die Sojasauce hinzufügen und unter Rühren etwa 3 Minuten schmoren lassen.
6. Die Möhren und Selleriestücke dazugeben und alles weitere 3 Minuten schmoren. Die Linsen und die Kartoffeln unterrühren.
7. Die Linsenpfanne mit Salz und Pfeffer abschmecken und mit den Kräutern bestreut servieren.

(auf dem Foto)

Süßsaurer Linsenreis mit Litschis

Für 2 Personen
Zubereitungszeit: ca. 40 Minuten

505 kcal · 11 g Fett · 20 %
88 g Kohlenhydrate

100 g Reis, Salz
75 g rote Linsen
150 ml Gemüsebrühe
150 g Litschis
½ Staudensellerie
1 Stange Lauch
3 EL Reisessig
5 EL Sojasauce
1 EL Zucker
3 EL Tomatenketchup
Pfeffer, 2 EL Öl
2 Knoblauchzehen
2 TL fein gehackte Ingwerwurzel

1. Den Reis in Salzwasser etwa 20 Minuten kochen, abgießen und abtropfen lassen.
2. Die Linsen verlesen. Die Brühe aufkochen, die Linsen darin zugedeckt etwa 5 Minuten garen.
3. Die Litschis aus der Schale lösen und entsteinen. Den Staudensellerie und den Lauch waschen, putzen und in dünne Ringe schneiden.
4. In einer kleinen Schüssel den Reisessig mit Sojasauce, Zucker, Ketchup und etwas Pfeffer verquirlen.
5. Das Öl im Wok erhitzen, den Knoblauch hineinpressen, Ingwer, Sellerie und Lauch darin unter Rühren anbraten.
6. Den Reis dazugeben und mitbraten, dann die Linsen und die Litschis hinzufügen. Zuletzt die Sauce angießen. Alles kurz umrühren und durchkochen, dann sofort servieren.

Flambierte Orangenfilets

Für 2 Personen
Zubereitungszeit: ca. 25 Minuten

200 kcal · 3 g Fett · 14 %
32 g Kohlenhydrate

2 LOW FETT 30 TK-Kartoffelpuffer für den Backofen
180 g Orangenfilets (von 3 Orangen)
120 g entkernte Traubenhälften
1 TL Öl
1 Msp. Ingwerpulver
2 TL Zucker
3 EL Cointreau

1. Die Kartoffelpuffer nach Anleitung zubereiten. Die Orangen filetieren, den Saft aufbewahren.
2. Den Wok erhitzen und mit dem Öl ausschwenken. Zuerst die Trauben im Wok 1 Minute dünsten, anschließend die Orangenfilets und den Ingwer hinzufügen. Mehrmals wenden und die Früchte auf den Kartoffelpuffern anrichten.
3. Den Orangensaft und den Zucker in den Wok geben. Kurz aufkochen, bis der Zucker sich aufgelöst hat. Den Cointreau hinzugeben und mit einem Streichholz am Rand entzünden. Den flambierten Fruchtsud über die Früchte verteilen.
(auf dem Foto)

TIPP:
Wenn Sie keine LOW FETT 30-Kartoffelpuffer bekommen, können Sie auch selbst einen Teig herstellen und die Kartoffelpuffer in einem beschichteten Waffeleisen backen. Dafür 250 g rohe, festkochende Kartoffeln schälen, waschen und fein reiben. Die Masse in einem Stofftuch leicht ausdrücken. Mit 20 g Mehl und einem kleinen Ei sowie etwas Salz und Muskat gut verrühren. Es soll ein lockerer und saftiger Teig entstehen. Im Waffeleisen portionsweise backen.

Apfelkompott mit Zimt und Chili

Für 2 Personen
Zubereitungszeit: ca. 30 Minuten

145 kcal · < 1 g Fett · 2 %
25 g Kohlenhydrate

3 Äpfel, z. B. Jonagold
1 Zimtstange
1 frische, kleine rote Chilischote
1 EL Zucker
1/8 l trockener Weißwein
1 Vanillestange
einige Zitronenmelisseblätter

1. Die Äpfel schälen, vierteln, vom Kerngehäuse befreien und in den Wok geben.
2. Zimtstange, Chilischote und den Zucker hinzufügen. Mit dem Wein eben bedecken und sanft köcheln lassen, bis die Äpfel gerade weich geworden sind.
3. Das Mark aus der Vanilleschote kratzen und in den Kompottsud rühren. Das Kompott bis zum Servieren kalt stellen.
4. Vor dem Servieren die Zimtstange und die Chilischote herausnehmen, das Kompott mit Zitronenmelisseblättchen garnieren.

Süßer Klebreis mit Mangos

Für 2 Personen
Zubereitungszeit: ca. 30 Minuten

540 kcal · 11 g Fett · 18 %
98 g Kohlenhydrate

200 ml ungesüßte Kokosmilch
125 g Klebreis
1 Prise Salz
30 g brauner Zucker
1 Mango
1 EL Sesamsamen

1. Den Reis in ein Sieb geben und unter kaltem Wasser so lange abspülen, bis das Wasser klar abfließt.
2. Die Kokosmilch zusammen mit 150 ml Wasser in den Wok geben und aufkochen. Den Reis dazugeben und mit Salz und Zucker würzen; zugedeckt bei schwacher Hitze in etwa 20 Minuten weich kochen.
3. Inzwischen die Mango schälen, das Fruchtfleisch vom Stein schneiden und in Spalten schneiden.
4. Die Sesamsamen in einer Pfanne ohne Fett hellbraun rösten. Abkühlen lassen.
5. Den Klebreis noch warm auf Teller verteilen. Die Mangospalten darauf anrichten und das Dessert mit Sesam bestreut servieren.

Obstsalat mit Zuckermelone

Für 2 Personen
Zubereitungszeit: ca. 15 Minuten
Kühlzeit: ca. 30 Minuten

180 kcal · < 1 g Fett · 1 %
39 g Kohlenhydrate

½ Zuckermelone
50 g weiße chinesische Pfirsiche (Dose)
50 g Kirschen (Glas)
2 Orangen
1 Zitrone
3 EL Reiswein
1 EL Zucker

1. Die Kerne der Melone mit einem Löffel entfernen. Die Melone in Spalten schneiden. Das Fruchtfleisch mit einem Messer von den Schalen lösen und in mundgerechte Stücke schneiden.
2. Die Pfirsiche in Stücke schneiden, die Kirschen abtropfen lassen. Die Orangen und die Zitrone auspressen.
3. Die Früchte in eine Schüssel geben, Orangen- und Zitronensaft sowie den Reiswein darüber gießen. Den Zucker zugeben, alles vermischen und den Obstsalat mindestens 30 Minuten im Kühlschrank ziehen lassen.
4. Den Obstsalat gut gekühlt und evtl. mit einigen Minzeblättchen garniert servieren.

Honigmelone mit Kokosmilch

Honigmelone mit Kokosmilch

Für 2 Personen
Zubereitungszeit: ca. 15 Minuten
Kühlzeit: ca. 1 Stunde

230 kcal · 4 g Fett · 16 %
44 g Kohlenhydrate

½ Honigmelone
½ Vanilleschote
200 ml ungesüßte Kokosmilch
3 EL brauner Zucker

1. Die Kerne der Melone mit einem Löffel entfernen. Die Melone in Spalten schneiden. Das Fruchtfleisch mit einem Messer von den Schalen lösen und in mundgerechte Stücke schneiden. Die Melonenstücke für etwa 1 Stunde in den Kühlschrank stellen.
2. Die Vanilleschote aufschlitzen, das Mark herauskratzen und zusammen mit der Kokosmilch und dem Zucker im Wok unter Rühren erhitzen, bis sich der Zucker aufgelöst hat. Die Kokosmilch kühl stellen.
3. Kurz vor dem Servieren die Kokosmilch und die Melonenstücke miteinander vermischen und das Dessert gekühlt servieren.

TIPP:
Mit einem spitzen Messer können Sie in die Melonenschale dekorative Muster schnitzen. In die ausgehöhlte Frucht gefüllt, wird Ihr Dessert garantiert ein Blickfang werden.

Fruchtige Quarkbeutel

Für 2 Personen
Zubereitungszeit: ca. 20 Minuten

160 kcal · 1 g Fett · 6 %
21 g Kohlenhydrate

4 Reisblätter
80 g Obst (z. B. Amarena-Kirschen oder Feigen)
200 g Quark (0,2 % Fett)
2 EL Haferkleie
1 EL Zucker

1. Die Reisblätter etwa 5 Minuten in Wasser einweichen. Den Wok mit dem Dämpfeinsatz und etwas Wasser aufsetzen.
2. Das Obst in kleine Stücke schneiden. Mit Quark, Haferkleie und Zucker vermengen.
3. Die Reisblätter trockentupfen und die Quarkmasse gleichmäßig darauf verteilen. Einen Rand von 1 cm lassen. Nun die Seiten jeweils hochnehmen und das Reisblatt eindrehen.
4. Die Quarkbeutel auf den Dampfeinsatz heben und etwa 5 Minuten im Wok dämpfen. Das Dessert frisch servieren. *(auf dem Foto)*

Gefüllte Milchreistaschen

Für 2 Personen
Zubereitungszeit: ca. 10 Minuten

270 kcal · 2 g Fett · 7 %
54 g Kohlenhydrate

4 Reisblätter
80 g Trockenobst (z. B. Pflaumen oder Aprikosen)
200 g fertiger Milchreis
2 TL Haferkleie

1. Die Reisblätter etwa 5 Minuten in Wasser einweichen. Inzwischen den Wok mit Dämpfeinsatz und etwas Wasser aufsetzen.
2. Das Trockenobst in kleine Stücke hacken. Mit dem Milchreis und der Haferkleie vermengen.
3. Die Reisblätter trockentupfen und die Milchreismasse gleichmäßig verteilen. Einen Rand von 1 cm lassen. Die Seiten jeweils hochnehmen und das Reisblatt eindrehen.
4. Die Reistaschen auf den Dampfeinsatz heben und etwa 5 Minuten im Wok dämpfen.

Pflaumen in Gewürzsauce

Für 2 Personen
Zubereitungszeit: ca. 30 Minuten
Kühlzeit: 10–15 Stunden

245 kcal · 3 g Fett · 11 %
52 g Kohlenhydrate

½ cm Ingwerwurzel
1 kleine Zitrone
1 Zimtstange
3 schwarze Pfefferkörner
¼ TL Zimtpulver
50 g Zucker
100 g getr. Pflaumen
1 EL gehackte Pinienkerne

1. Den Ingwer und die Zitrone schälen und jeweils in dünne Scheiben schneiden. Mit der Zimtstange, den Pfefferkörnern und 3 Tassen Wasser zum Kochen bringen und etwa 20 Minuten kochen lassen.
2. Den Zucker und das Zimtpulver zugeben und noch 5 Minuten ziehen lassen, dann abkühlen lassen, durchseihen und die Sauce kalt stellen.
3. Die Pflaumen waschen, in der erkalteten Sauce über Nacht im Kühlschrank stehen lassen. Das Dessert mit den gehackten Pinienkernen bestreut servieren.

Gebratener Fruchtsalat mit Ingwer

Für 2 Personen
Zubereitungszeit: ca. 30 Minuten

305 kcal · 3 g Fett · 9 %
59 g Kohlenhydrate

1 Banane
1 Papaya
¼ Honigmelone
¼ frische Ananas
1 kleine Dose Litschis
1 Stück in Sirup eingelegter Ingwer
1 TL Öl, 4 EL Honig
50 ml Weißwein
2 EL Orangenlikör
1 TL Vanillezucker

1. Die Banane schälen und in 2 cm dicke Scheiben schneiden. Die Papaya halbieren und entkernen.
2. Die Melone ebenfalls entkernen, das Fruchtfleisch von der Schale lösen und in mundgerechte Stücke schneiden.
3. Von dem Viertel der Ananas den Strunk abschneiden, die Schale abschneiden und das Fruchtfleisch in dünne Stücke schneiden.
4. Die Litschis aus der Dose abtropfen lassen, den Ingwer fein hacken.
5. Das Öl im Wok erhitzen und ausschwenken, Honig und Ingwer dazugeben und erhitzen, bis sich ein leichter Karamell bildet. Dann die Früchte hineingeben und kurz darin schwenken; herausnehmen und beiseite stellen.
6. Den Wok von der Platte nehmen und die Karamellmasse mit Wein, Orangenlikör und Vanillezucker verfeinern; erkalten lassen. Die Früchte anrichten und mit dem Saft überziehen.

(auf dem Foto)

LOW FETT 30-Tabelle

	kcal	Gramm Fett	% Fett
Brot, Kuchen, Nudeln, Reis, Getreideprodukte			
Brot, (1 Scheibe oder 1 Stück)			
Baguette, 1 Stück, 50 g	126	1	7,14
Brötchen, Mehrkorn, 60 g	140	1	6,43
Weißbrot mit Rosinen, 50 g	122	1	7,38
Weißbrot, Toastbrot, 50 g	130	2	13,85
Fertigteig			
(TK) Hefeteig, 100 g	264	6	20,45
(TK) Pizzateig, 100 g	280	7	22,50
Müsli/Cerealien (1 Portion, 30 g)			
Mais-Knusperflocken o. Zucker	109	1	8,26
Reformhaus 8-Früchte-Müsli	104	3	25,96
Schneekoppe Tigerentenmüsli	365	2	4,93
Kellogg´s Cornflakes	110	0,18	1,47
Kellogg´s Smacks	113	0,51	4,08
Kellogg´s Crunchy Nut	117	0,93	7,15
Kölln Früchte-Vollkorn Müsli, Hafer	109	3	24,77
Kölln Fertige Vollkornflocken	106	2	16,98
Nudeln, Reis, Hülsenfrüchte, Getreide (je 100 g Rohware)			
Mehl, Weizen, Typ 405	332	1	2,71
Vollkornmehl, Typ 1700	302	2	5,96
Chinesische Eiernudeln	280	2	6,42
Chinesische Reisnudeln	369	1	2,43
Glasnudeln	160	1	5,62
3-GLOCKEN Gold-Ei, Landnudeln	352	4	10,23
3-GLOCKEN GENUSS PUR	358	1,5	3,77
Bamboo Garden Glas-Nudeln	164	0,2	1,10
Bamboo Garden Himalaya Basmatireis	357	1,2	3,03
Bamboo Garden Ketan-Reis, Asiat. Klebreis	349	0,5	1,29
Bamboo Garden Thailänd. Duftreis	355	0,9	2,28
Bamboo Garden Eier-Mie-Nudeln	357	3	7,56
Bamboo Garden Mie-Nudeln	344	1,5	3,92
Fleisch			
Rind 100 g			
Beefhacksteak (Tatar)	113	3	23,89
Filet	121	4	29,75
Roastbeef	130	4	27,69
Roulade	121	4	29,75

	kcal	Gramm Fett	% Fett
Leber,	121	2,1	15,62
Kalb 100 g			
Braten	107	3	25,23
Filet (Lende)	111	3	24,32
Haxe ohne Knochen	123	4	29,27
Schnitzel (Keule)	102	2	17,65
Leber	130	4,1	28,38
Schwein 100 g			
Filet	107	2	16,87
Leber	123	3	21,95
Schnitzel	107	2	16,82
Lamm/Ziege 100 g			
Filet	113	3	23,89
Geflügel 100 g			
Hühnchenbrust o. Haut, Filet	102	1	8,82
Putenfilet u. -schnitzel	105	1	8,57
Keule ohne Haut	114	3,6	28,42
Wild u. Wildgeflügel 100 g			
Hase	113	3	23,89
Hirsch	112	3	24,11
Rehkeule	97	1	9,28
Rehrücken	122	4	29,51
Wildschwein	108	3	25,00
Wurst und Aufschnitt 100 g			
Zamek Putensülze	102	3	26,47
Geflügelwurst	122	2	14,75
Schinken und Speck 100 g			
Lachsschinken o. Fettrand	107	2	16,82
Herta Truthahn-Brust Virginia	109	2	16,51
Herta Rohschinkenwürfel	137	3	19,71
Herta Finesse Schinken Country, Honig, Knoblauch	107	2	16,82
Fisch			
Fisch, Schalen- und Krustentiere 100 g			
Austernfleisch	66	1	13,64
Bachsaibling	96	2	18,75
Barsch	81	1	11,11
Flusskrebsfleisch	64	0	0,00
Forelle	103	3	26,21
Garnele (Krabbenfleisch)	87	1	10,34
Hecht	81	1	11,11
Heilbutt (weißer)	96	2	18,75
Hummerfleisch	81	2	22,22
Kabeljau, Dorsch	77	1	11,69

	kcal	Gramm Fett	% Fett
Languste	84	1	10,71
Lengfisch	82	1	10,98
Miesmuschel	51	1	17,65
Schellfisch	77	1	11,69
Scholle	86	2	20,93
Seelachs	80	0,8	9,00
Seeteufel	66	1	13,64
Seezunge	82	1	10,98
Steinbeißer, Catfish	81	2	22,22
Steinbutt	82	2	21,95
Thunfisch	125	2	14,40
Tintenfisch	73	1	12,33
Zander	83	1	10,84
Geräucherter Fisch 100 g			
Forelle	120	4	30,00
Konserven			
Fjordmuscheln, mariniert, 350 g	369	9	21,95
Krebsfleisch, 100 g	87	2	20,69
Thunfisch, naturell, 150 g	167	1	5,39
TK-Fisch (1 Portion)			
Fischpfanne, Chin. Prawns, 300 g	330	5	13,63
Feine Filets, Kabeljau, 125 g	47	+	0,0
Feine Filets, Scholle, 125 g	96	1	9,37
Feine Filets, Seelachs, 125 g	104	1	8,65
Filet in Soße, Petersilie, 250 g	233	5	19,31
Fisch-Frikadelle, 1 Stück, 62 g	85	2	21,17
Fisch-Pfanne, Helgoland, 200 g	140	4	25,71
Fisch-Pfanne, Asiatisch, 200 g	140	4	25,71
Fisch-Pfanne, Französisch, 200 g	140	4	25,71
Paella, 375 g	293	8	24,57
Milch und Milchprodukte			
Milch, Milchdrinks und -desserts			
Bananenmilch, 1 Glas/200 ml	166	4	21,69
Buttermilch, 1Glas/200 ml	78	1	11,54
Kakaotrunk, fettarm 1 Glas/200 ml	122	3	22,13
Kokosnussmilch, 200 ml	90	1	10
Milch, fettarm, 1 Glas/200 ml	98	3	27,55
Milch, entrahmt, 1 Glas/200 ml	72	+	0,00
Molke, 1 Glas/200 ml	54	1	16,67
Müllermilch Cappuccino, 500 g	410	7	15,37
Müllermilch Milchreis pur, 200 g	220	5	20,45
Joghurt und Joghurtdrinks			
Danone Actimel natur, 150 g	129	4	27,91

	kcal	Gramm Fett	% Fett
Heirler Sanoghurt natur, 150 g (Reformhaus)	81	2	22,22
Müller Schlemmer Joghurt Kirsch, 175 g	186	6	29,03
Nestlé LC1 Vanilla, 150 g	150	5	30,00
Weihenstephan Käpt'n Blaubär div. Sorten, 125 g	125	3	21,60
Desserts (Kühlregal, 1 Becher)			
Duett, Grießpudding m. Himbeers., 150 g	162	3	16,66
Quark			
mager, 100 g	76	+	0,00
Qremor, CremQuark, 100 g	70	+	0,00
Light- und Diätprodukte			
Danone extra leicht, 4 x 125 g, je	55	+	0,00
Frisch-/Sauermilchkäse (30 g oder 1 Portion)			
Harzer (Stangenkäse)	38	+	0,00
Obst und Gemüse			
Alle Obst- und Gemüsesorten sind LOW FETT 30 Ausnahmen: Avocados, Oliven			
Bonduelle Dose Chin. Gemüsepfanne, 425 ml	255	2	7,85
Sojasprossen, frisch, 100 g	50	1	15,00
Bamboo Garden Wasserkastanien, 100 g	39,13	0	0,00
Bamboo Garden Mungobohnenkeimlinge, 100 g	30	0,2	6,00
Bamboo Garden Bambus Schösslinge, 100 g	36	0,3	7,50
TK-Gemüse (100 g)			
Gemüsepfanne Peking	43	1	20,93
Kühne Apfelrotkohl	52	0,2	3,46
Kühne Sauerkraut mild	26	0,3	10,38
Fertiggerichte			
Maggi Rindfleisch „Chinesische Art", 350 g	440	15	30,68
Nasigoreng, 350 g	395	8	18,22
TK-Snacks (1Stück oder 1 Portion)			
Dr. Oetker Frühlingsrolle (groß)	134	4	26,87
Costa Bouillabaisse, 380 ml	179	5,7	28,66
TK-Nudelgerichte (1 Portion)			
Iglo Makkaroni-Auflauf, 420 g	571	19	29,95
Tomaten-Nudeln, 375 g	340	8	21,17
TK-Pizza (ganz)			
Dr. Oetker ofenfrische Pizza Spinat	184	6	29,35
Fertiges aus Dose, Glas, Tüte oder eingeschweißt			
Bassermann Nasigoreng, Dosen, 510 g	694	21	27,23
Küchenfee Chop Suey, 1 Portion	102	3,2	28,24
Mr. Wok Jadezauber, 100 g	115	2,2	17,22
Mr. Wok Königsgarnelen, 100 g	108	1	8,33
Mr. Wok China Curry, 100 g	198	4,5	20,45

	kcal	Gramm Fett	% Fett
Maggi Asia Nudel Snack, Ayam Huhn, 1 Portion	237	1	3,80
Maggi Asia Nudel Snack, Chili Laksa, 1 Port.	250	5	18,00
Maggi Reis Snack, Reis Bali, 1 Port.	260	4	13,84
Maggi Reis Snack, Reis Szechuan, 1 Port.	255	5	17,64
Nudelgratin mit Waldpilzen, 1 Port.	341	8	21,11
Risotteria Reis Chinesisch süß-sauer, 1 Portion	550	0,6	0,98
Sonnen Bassermann Hühnerfrik. m. Spargel, 1 Portion	429	13	27,27
Soßen zu Gerichten (Glas)			
Uncle Ben's Chinesisch Süß Sauer, 350 g	308	0	0,00
Uncle Ben's Indisch Curry, 350 g	228	5	19,73
Würz-/Feinkostsoßen aus Glas/Flasche (1 EL = 20 g)			
Bamboo Garden Barbecue-Sauce, nach chinesischer Art	155	0,8	4,65
Bamboo Garden Chili Sauce	230,3	0,14	0,55
Bamboo Garden Chili-Sauce mit Knoblauch	208,5	0,14	0,60
Bamboo Garden Fix-Sauce Curry	83	7	75,90
Bamboo Garden Fix-Sauce Shanghai	86	2	20,93
Bamboo Garden Fix-Sauce Singapur	105	3	25,71
Bamboo Garden Fix-Sauce Szechuan	141	5	31,91
Bamboo Garden Oyster-Sauce, chinesische Austernsauce	156	0,1	0,58
Bamboo Garden Sambal Oelek	42	1,3	27,86
Bamboo Garden Schwarze Bohnen-Sauce, chinesische Würzsauce	167	8,1	43,65
Bamboo Garden Sesamöl, raffiniert	820	91	99,88
Bamboo Garden Sweet & Sour Sauce, süß-saure Sauce	206,2	0,11	0,48
Bamboo Garden Sweet Chili Sauce	210,2	0,16	0,69
Tomaten-Ketchup	19	+	0,00
Asia Soße	30	+	0,00
Gewürz-Ketchup	29	+	0,00
Zigeuner-Soße	16	+	0,00
Chili-Soße	18	+	0,00
Mango Chutney	47	+	0,00
Pace Taco Sauce, hot	6	+	0,00
Kikkoman Sojasoße, 1 EL, 15 g	11	+	0,00
Kikkoman Soja-Sauce, 100 ml	73	0	0,00
Kikkoman Soja-Sauce süß, 1 EL, 15 g	13	+	0,00
Kikkoman Soja-Sauce süß, 100 ml	100	0	0,00
Kikkoman Teriyaki, Marinade, 1 EL, 15 g	11	+	0,00
Kikkoman Teriyaki-Sauce, 100 ml	73	0	0,00
Knorr Basis Saucen „Soße zum Braten" (100 g Trockenprodukt)	321	8	22,43
Gewürze und Würzpasten aus Tube oder Glas (1TL = 10 g)			
Herbadox, Extrakt	12	+	0,00
Knoblauch-Pasta Extrakt	12	+	0,00

	kcal	Gramm Fett	% Fett
Suppen, Tassensuppen (1 Portion)			
Unox Heiße Tasse, Chines. Gemüse-Suppe, süßsauer	48	1	18,75
Unox Heiße Tasse, Hühnersuppe	33	1	27,27
Spargel-Creme-Suppe	60	2	30,00
Suppen Drink Tomatencremesuppe mit Croutons	77	2	23,37
Suppen und Eintöpfe aus Dosen, Gläsern oder eingeschweißt (1 Portion)			
Bamboo Garden Feurige Thai-Suppe	34	1,6	42,35
Bamboo Garden Indon. Bihun-Suppe	30	1,8	54,00
Fertiggerichte light (1 Packung o. 1 Portion)			
Du darfst Asia-Fertiggericht Chop Suey, 350 g	314	6	17,19
Du darfst Huhn süßsauer, 350 g	320	4	11,25
Unterwegs essen			
Unterwegs essen – Imbiss (1 Portion)			
Milchshake, Vanillegeschmack	293	8	24,57
Softeis mit Karamellsoße	282	8	19,14
Softeis mit Schokoladensoße	279	8	25,80
Schweinefleisch, süßsauer, mit Reis	455	15	29,67
Süßes & Knabberspaß			
Knabbereien (100 g oder 1 Packung)			
Seeberger Reis-Gebäck „Katana"	397	4,8	10,88
Seeberger Reis-Gebäck „Matsuri"	382	0,4	0,94
Bamboo Garden Thai Chips	485	22	40,82

+ = in Spuren; EL = Esslöffel; TL = Teelöffel; TK = Tiefkühl …

Rezeptverzeichnis

Register

Im FALKEN Verlag sind zahlreiche Titel zum Thema „LOW FAT 30“ erschienen.
Bitte fragen Sie überall dort, wo es Bücher gibt.

Sie finden uns im Internet: **www.falken.de**

Dieses Buch wurde auf chlorfrei gebleichtem und säurefreiem Papier gedruckt.

Der Text dieses Buches entspricht den Regeln der neuen deutschen Rechtschreibung.

Unter folgender Adresse erhalten Sie für 12,50 DM als V-Scheck eine Infobroschüre, die alle wichtigen Basisinformationen und jede Menge Produktinfos enthält:

LOW FETT e.V.
c/o Ritter Marketing Services
Sophienstr. 19
D-41065 Mönchengladbach
Telefax: 0 21 61/48 18 78
Internet: www.lowfett.de
e-mail: info@lowfett.de

ISBN 3 8068 2714 1

Umschlaggestaltung: Peter Udo Pinzer
Gestaltung: Horst Bachmann und Ulrich Klein
Lektorat: Claudia Schmidt, München
Redaktion: Elly Lämmlen
Herstellung: Ulrich Klein
Umschlagfoto: Klaus Arras, Köln
Fotos: Fotostudio R. Schmitz, München; außer: S. 1 (TLC); S. 4 o. (R. Schmitz); S. 4 li. und 4 u. (TLC); S. 11, 12 (B. Harms); S. 23, 29 (R. Schmitz); S. 45, 49, 51, 67 (U. Kopp): **FALKEN Archiv,** Niedernhausen/Ts.

Satz: FALKEN Verlag, Niedernhausen/Ts.
Druck: Appl, Wemding

817 2635 4453 6271